SV

Band 1259 der Bibliothek Suhrkamp

Anna Maria Jokl
Essenzen

Erweiterte Ausgabe

Suhrkamp Verlag

Erste Auflage der erweiterten Ausgabe 1997
Suhrkamp Verlag Frankfurt am Main

Druck: Nomos Verlagsgesellschaft, Baden-Baden
Printed in Germany
Mit freundlicher Genehmigung des Jüdischen Verlags

Essenzen

Es sind, chronologisch registriert, *Essenzen* aus sechs Brennpunkten unsrer Zeit: Wien, Berlin, Prag, London, wieder Berlin, Jerusalem. Wäre jede Phase eine Glasplatte, auf jeder ihr spezielles Zeichen eingeritzt, alle übereinandergelegt und mit *einem* Blick von oben durchschaut – somit der Zeitablauf aufgehoben –, mag eine Hieroglyphe unsrer Epoche sichtbar werden.

Totentanz

Mit der Einsetzung Václav Havels zum Präsidenten der neuen Tschechoslowakei – als hätte es Gott zu demonstrieren beliebt, daß bei ihm kein Ding unmöglich sei und daß, wider Absicht oder Erwartung, plötzlich ein reiner Tor aus der Dynastie der K. am Hradschin sitzt wie Iwan im russischen Volksmärchen – kommen Erinnerungen herauf an eine Welt von Glaubwürdigkeit, als ich im Herbst 1938 zurückkam aus dem schwülen Defätismus von Paris in das entschlossene, vertrauende Prag.

Ich weiß nicht mehr, durch wen ich die Bekanntschaft mit den Besuchern aus Zagreb gemacht hatte: Vera mit der natürlichen Eleganz, die Jugoslawen eigen ist, ihrer Nichte, die aussah wie ein Bauernmädchen aus einer Geschichte der Němcova, und ihrem Neffen, einem jungen Arzt. Die Zeit war voller Hochspannung in diesen warmen letzten Septembertagen 1938 vor München, aber wir gingen in ein Tanzlokal am Wenzelsplatz auf ein Viertel Weißwein, und nach dem ersten Tanz mit Branco holte mich ein nicht mehr junger Mann, sehr hoch und grade mit einem scharf geschnittenen Gesicht. Ich erinnere mich nicht, ob er in Uniform war oder nur das kleine Abzeichen am Rock den hohen militärischen Rang anzeigte. Wir tanzten, ohne ein Wort zu sprechen, zu *Violetta*, dem unvergeßlichen Tango jener Epoche; wir tanzten schweigend und perfekt miteinander. Er brachte mich zu unserm Tisch zurück, holte mich aber, sobald die Musik wieder anging und ehe Branco dazukam, und von da zu jedem Tanz. Meine Bekannten sagten nichts, ich sagte nichts, er sagte nichts, doch nach einer langen Weile beim Tanzen plötzlich »Ich war auf dem Hradschin«. Und nach einer Pause »Es ist entsetzlich«. Weiter nichts. Ich begriff: weiter war nichts zu sagen. Es war etwas über die Maßen Entsetzliches, für das es keinen Trost gab. Das schweigende Tanzen war der äußerste Liebesdienst.

Schließlich brachen wir auf. Ich habe ihn nie wiedergesehen, den Vorboten für die kommenden fünfzig Jahre, die mit »Havel auf den Hrad!« zu Ende gingen.

Die Straße nach Užhorod

Der Dezember 1935 war so kalt, daß es nicht schneite, und Weihnachten kam heran mit einem bleigrauen Himmel und eistrockenen Straßen. Ich ging die Dlouha třida, die Lange Gasse in Prag entlang, als die triste Dämmerung schon in den Weihnachtsabend überging, gegen den schneidenden Wind, den Kopf so tief wie möglich heruntergebeugt. Fast niemand war mehr unterwegs. Da fragte plötzlich eine Stimme: »Wo ist die Straße nach Užhorod?«
Die Frage war so absurd, und die Stimme war dabei so nüchtern, daß ich ungläubig aufschaute. Vor mir stand ein karpathoukrainisches Bauernmädchen in einem weiten gemusterten Rock, einer Flanellbluse, ein Wolltuch um die Schultern, das sie mit frostroten Händen zusammenhielt, an den Füßen anstatt Schuhen Lappen, von den Fußsohlen aufwärts wie ein Paket mit Strick zusammengeschnürt, und um das Gesicht, jung, stumpf, ein buntes Kopftuch, das kein Haar hervorließ. »Wo ist die Straße nach Užhorod?« fragte sie wieder mit ihrer nüchternen Stimme.
Užhorod, die Hauptstadt der Karpathoukraine, dem östlichen Teil der ersten tschechoslowakischen Republik, war viele hundert Kilometer von Prag entfernt. »Wozu brauchst du die?« fragte ich. »Ich will nach Hause gehen«, sagte das Mädchen unbewegt und hielt mit ihren krebsroten Händen weiter das Tuch über der

Brust zusammen, mit sturer Würde. Wußte sie, daß es sehr weit war bis Užhorod? Sie fragte nur weiter:
»Wo ist die Straße?«
In der Karpathoukraine hatte man Landarbeiter angeheuert für ein Gut bei Prag, und sie war die Älteste zu Hause, so war sie mitgefahren, aber nach ein paar Tagen weggelaufen, ohne Lohn, und von Užhorod aus konnte sie ihr Dorf finden. Wo war die Straße nach Užhorod?
Ich wußte nicht, was auf diesen Unsinn zu antworten. Mir war sehr kalt und ich hatte wohin zu gehen, aber einfach stehenlassen konnte ich sie nicht auf ihren Fetzenfüßen, bei 17 Grad Frost. Um Zeit zu gewinnen zum Überlegen, fragte ich: »Bist du hungrig?« Eigentlich war die Frage sinnlos, denn am Weihnachtsabend, den die Glocken eben von hundert Prager Türmen einläuteten, war alles geschlossen, jedes Geschäft, jede Gaststätte, ganz abgesehen davon, daß ich selber für die Feiertage nur das allernotwendigste Geld hatte, und ich begann, mich über mich selber zu ärgern – aber das Mädchen hatte schon genickt; ja, hungrig. Und so ging ich in Nebengassen suchen, wenn auch ohne Erwartung. Da war dann doch irgendwo eine Suppenküche, in der ein paar heimatlose Emigranten an einem Kaminfeuer Karten spielten – ein relatives Paradies, wo es für eine Krone etwas zu essen gab. Mit großen Brocken Brot löffelte das Mädchen eine dicke Suppe und noch eine, schnell, schweigend. Da fiel mir rettend Mitzi ein.
Ein Schutzengel mußte über dem Mädchen und mir ge-

wacht haben, denn Mitzi war noch zu Hause, als ich anrief. Mitzi wußte: der karpathoukrainische Abgeordnete hatte einen Fonds für gestrandete Landsleute – nach den Feiertagen –, wußte von einer Jugendherberge auf einem Schiff in der Moldau – sie, brave Mitzi, käme sofort, das Mädchen zu holen – Treffpunkt Dlouha třida.

Der Weihnachtsabend war schon fortgeschritten, als ich sie übergab, fast genau an der Stelle, wo sie mich angesprochen hatte, von der aus sie mir nachgetrottet war. Unbewegt stand sie da, als ich ihr eilig sagte: »In zwei Tagen kannst du mit der Eisenbahn nach Užhorod fahren, und inzwischen wird die Mitzi« – und so weiter; und erwartete nun endlich doch eine Regung, irgend etwas, vielleicht sogar ein Danke. Als nichts geschah, streckte ich ihr automatisch die Hand zum Abschied hin. Da geschah es.

Das ungeschlachte Bündel, das alles mit der gleichen Apathie hingenommen hatte, es zögerte. Etwas begann sich zu bewegen in dem dumpfen Gesicht; ein Greinen schien es, das aber dann zu einer Art Lächeln wurde – ein lächerliches ungeschicktes, als würde das Lächeln eben erfunden –, als sie ihre rotgefrorene Pratze zögernd in meine Hand legte.

Vor zwei, drei Stunden hatte sie mir die absurde Frage gestellt, wo die Straße nach Užhorod sei. Das eigentlich Absurde daran aber war, dachte ich auf einmal erstaunt, daß ich es gewußt hatte.

Tod aus heiterem Himmel

Der Sommer 1938 war schwül in Paris, und die unbekümmerte Heiterkeit in den Straßen am 14. Juli unheimlich für jemanden, der, wie ich, zu Besuch aus Prag hier war, aus der kleinen Tschechoslowakei, um die sich täglich merklicher der Würgedruck Hitlerdeutschlands verstärkte und wo man, seit der Besetzung Österreichs, fast völlig vom übrigen Europa abgeriegelt, auf den Verbündeten Frankreich zählte.

Das Bulletin des tschechoslowakischen PEN-Clubs hatte mich beauftragt, ein Interview mit Alfred Döblin zu machen, der als deutscher Emigrant in Paris lebte. In Vorbereitung darauf las ich die Druckfahnen seines neuen Romans »Das Land ohne Tod«, der eben beim Querido-Verlag in Amsterdam am Erscheinen war, und war gebannt von der Lektüre. Dieser Roman Döblins hat zum Thema die Auseinandersetzung der beiden Kräfte, die die damalige europäische Vormacht im 17. Jahrhundert, das katholische Königreich Spanien, nach dem südamerikanischen Kontinent aussendet, um es in der Folge von Kolumbus' Entdeckung zu kolonisieren; einerseits die skrupellos gierigen Kaufleute, die dem König Gold für seine Kriege versprechen und schaffen, indem sie die heidnischen Indios versklaven, andererseits ein Häuflein von Jesuiten, die Europa als verpestet empfinden, die heidnischen Naturkinder missionieren und mit ihnen in Paraguay ein »Reich Gottes«, eine Art Naturkommune, errichten wollen, um sie und sich selber geistlich zu retten. Von dem widerstrebenden König haben sie nur zögernd die Erlaubnis erlangt, indem sie ihn peinlich an seine »katholische« Verpflichtung erinnern. Döblin stellte den Konflikt dar, in den die widersprüchlichen Tendenzen aus dem katholischen Spanien, sozusagen das Böse und das Gute, miteinander geraten. »Die Kaufleute von São Paulo«, die die Urbewohner ausrauben und schließlich, da sie sich zur Wehr setzen, wie Tiere niedermetzeln, auf der einen Seite – auf der anderen die Jesuiten, die, ohne es zu merken, von Bekehrern zu Bekehrten werden, bis sie sich schließlich mit den natürlich gläubigen Indios identifizieren und zu ihren militärischen Verteidigern gegen die Söldner São Paulos werden. In Sprüngen in die zeitgenössische Geschichte der umgebenden Hitlerdrohung, deren apokalyptische Trächtigkeit Döblin schauernd erkannte, vermischen sich ihm die Jahrhunderte, schwankend zwischen Verzweiflung an der Menschennatur und unerschütterlichem Glauben an ihre Entwicklung; dies gipfelt in einer Art Vision deutscher Flüchtlinge von Giordano Bruno, der gegen die Evidenz der alles niederbrennenden Barbarei plädiert: »Gebt mir noch 300 (oder 500?) Jahre!« Offensichtlich enthält der Roman auch Döblins Auseinandersetzung mit zwei Gesichtern der katholischen Kirche, zu der er, der Sozialist und Jude, später konvertierte.

1938 wohnte Döblin in einem der hohen düsteren Pariser Mietshäuser aus der Jahrhundertwende. Wie er mich telefonisch angewiesen hatte, benützte ich den uralten Eisenaufzug, der ratternd langsam hinauf in den fünften Stock fuhr. Döblin, ein ältlicher, magerer, kleiner Mann mit sehr dicken Brillengläsern im Drahtgestell, saß am Schreibtisch und schrieb mit einer Stahlfeder große gotische Buchstaben auf kleine Zettel, von denen ein Stapel aufgeschichtet und schon beschrieben vor ihm lag. Er schrieb, als spürte er, daß die Zeit in der europäischen Sanduhr ablief.

Unsere Unterhaltung hatte schon mehr als zwei Stunden gedauert, als er plötzlich sagte: »Dort, wo Sie jetzt sitzen, hat vor ein paar Wochen Horváth gesessen, als er es mir erzählte.«

Ödön von Horváth, der junge Dramatiker, war, wenige Tage nachdem ihm die Flucht vor den Nationalsozialisten aus Österreich gelungen war, in Paris durch einen seltsamen Unfall zu Tode gekommen: Eine plötzliche Windböe hatte auf den Champs-Élysées einen der hohen Boulevardbäume entwurzelt, der im Fallen den vorbeigehenden Horváth erschlug. Nur ihn.

Döblin erzählte: »Horváth rief an, nachdem er in Paris eingetroffen war, und ich lud ihn natürlich ein herzukommen. Wie allen meinen Besuchern sagte ich ihm, er sollte den Aufzug benützen, und ich war darum sehr erstaunt, als er Punkt vier Uhr an der Türe läutete, denn ich hatte den Aufzug nicht gehört. Sie wissen ja, was der für einen Lärm macht, und er fährt direkt hinter der Wand von meinem Arbeitszimmer vorbei. Als ich ihn also fragte, warum er zu Fuß heraufgestiegen war, ge-

stand er, daß er alle technischen Einrichtungen meide. Vor ein paar Wochen hatte ihm eine Zigeunerin aus der Hand gelesen und ihn vor einem lebensbedrohenden Unfall gewarnt. Davon war er so beeindruckt, daß er sogar bei seiner Flucht durch halb Österreich mit Bauernwagen und Pferden gereist wäre und Auto und Eisenbahn gemieden hätte, darum auch meinen Aufzug. »Und ich«, sagte der kleine Mann mit den dicken Brillengläsern, »ich habe darüber gelächelt.« Wie verdutzt schüttelte er den Kopf, wieder und wieder.
Ich ging hinunter in das heiße, wirbelnde Paris, das wie eine Geisterstadt erschien und mich mit unbegreiflicher, lähmender Schwermut erfüllte. Warum, verstand ich in den Tagen von München in Prag; begriff ich, schon in London, am Tag, da Paris fiel.

Zombie

Ich wußte nichts über den Journalisten, der angeblich das umfangreichste Bilderarchiv in London hatte; Käthe hatte ihn empfohlen, als ich für einen Verlag Bilder suchte, und sie meldete mich an.

Die Wohnung im respektablen Baker-Street-Viertel war europäisch eingerichtet, die halbwüchsige Tochter reizend, und eine Hausdame goß den Tee ein. Aber es war merkwürdig, wie unzugehörig der große Mann in seinem soliden Haus wirkte. Käthe hatte erwähnt, daß er häßlich wäre, darum überraschte nicht das fahle Gesicht und der linke Seitenzahn, der wie ein Hauer herausstand. Sein Deutsch war gewählt, fast literarisch, aber mit unverkennbarem ungarischen Akzent, sein Englisch nicht ganz so perfekt. Er sei erst bei Kriegsbeginn nach London gekommen, aus Paris, wo er seit 1919 gewohnt hatte, erklärte er, und ich schloß daraus, daß er Teil der frustrierten ungarischen Emigration war, die seit dem Zusammenbruch der Räteregierung nach dem Ersten Weltkrieg – vor Äonen – verstreut in Europas Metropolen lebte.

Sein Arbeitszimmer war ein riesiger asymmetrischer Raum, darin nichts als ein großer Schreibtisch und eine Leiter, die ganzen Wände entlang bis zur hohen Decke Regale voll uniformer schmaler Schachteln in bürokratischem Grau, jede mit einer Aufschrift in Blockbuchstaben.

Sein Archiv sei nicht eine bloße Anhäufung von Bildern, sagte er in seiner eindringlichen Art, sondern jedes Thema um einen Leitgedanken strukturiert; und er zog die nächstbeste Schachtel aus einem Regal mit dem Titel »Mittelalter V, Rüstung«, nahm ein paar alte Stiche heraus, ordnete sie zu einer Reihenfolge, zeigte auf Einzelheiten: wie zweckentsprechend die Rüstung der Ritter gewesen sei, da sie eine fortschrittliche Rolle als Beschützer der Bauern gespielt hätten; wie aber – »schauen Sie sich das an!« – als sie zu ihren Ausbeutern wurden, ihr Panzer zu einem formalen Schmuck entartete, der nur noch für höfische Turniere diente und im wirklichen Kampf hinderte, so daß sie besiegt wurden und als Kaste verschwanden.

Die Illustration des Verfalls vom Funktionellen zum verspielt Ästhetischen war eindrucksvoll, die bestechend logische Deutung historisch-materialistisch, und ich bemerkte darum, daß ich im Vor-Hitler-Berlin zwei bekannte linke ungarische Schriftsteller getroffen hatte. Sein fahles Gesicht leuchtete auf, ja, das wären einmal gute Freunde gewesen, doch dann fügte er, bemüht neutral, hinzu: »Wir sind auseinandergekommen.« Und nach einer überlangen Pause: »Ich war gegen Béla Kun.«

Der große Mann schien urplötzlich zusammengeschrumpft im Lichtkegel, den die grelle Schreibtischlampe warf. »Sind Sie in der Partei?« fragte er leise.

»Nein«, antwortete ich.

Er zögerte, ob er weitersprechen könnte, dürfte. »Ich

betrachte mich nämlich noch immer als Kommunisten«, sagte er etwas verlegen, als wäre das eine Anmaßung; aber das Mitteilungsbedürfnis war stärker als die verjährte Vorsicht.
»Damals, verstehen Sie, war ich Redakteur der Zeitung (DER Zeitung sagte er, als gäbe es nur die eine), und das hieß, wenn Sie das verstehen können, nicht nur die journalistische Arbeit, sondern eine große politische Verantwortung. Und ich war gegen Béla Kun. Verstehen Sie«, beschwor er mich, die Ungeheuerlichkeit zu begreifen, »verstehen Sie, als Kommunist war ich gegen Bela Kun!« Er schwieg, um die Mitteilung in ihrem ganzen Gewicht einsinken zu lassen. »Da wurde ich aus der Partei ausgeschlossen.« Wieder Pause, dann, stolz? fassungslos? »Ich habe nichts getan, es in Ordnung zu bringen.« Durch das helle Büro jagte eine lautlose Apokalypse, ein Spuk von Idealen, Ideologien, Manipulation, Fraktion, Trotz, Vakuum, und dahinter geisterte ein Schattenheer gebrochener Leben.
Er stellte die Mappe »Mittelalter V, Rüstung« sorgsam auf ihren Platz, glättete die Reihe. »So bin ich meine Art von Journalist geworden«, sagte er. »Ich habe nichts Politisches mehr geschrieben. Ich habe mit dem Bildarchiv angefangen. Dabei langweilen mich Bilder. Von Bildern verstehe ich nichts, nur von Wörtern.« Er lächelte krampfhaft und wies vage in Richtung der eleganten Wohnung, der Tochter, der Hausdame. »Aber man muß doch leben.«
Ich entschuldigte mich, daß ich keine passenden Bilder

gefunden hatte, er winkte es als belanglos ab. Höflich begleitete er mich durch die Verdunklung zum Autobus. Er wirkte wenn möglich noch abgesonderter als zu Anfang. Er war, begriff ich, nicht Teil der heimatlosen ungarischen Emigration, er war ihr Un-Teil, ihr unverbrüchlicher Un-Teil geblieben. Die Welt war mitten im Zweiten Weltkrieg, alle Fronten hatten sich verschoben: er aber war vor fünfundzwanzig Jahren gegen Béla Kun gewesen und hatte nichts getan, es in Ordnung zu bringen.

Babel

In der beginnenden Dämmerung kam mir auf einem der breiten Sandwege in Kensington Gardens ein kleiner Soldat entgegen.
Kensington Gardens ist inmitten von London, mit weiten Rasenflächen und hohen breitkronigen Bäumen und so ausgedehnt, daß sich die Menschen darin verlieren. Wenn man durch die Parkgitter in Bayswater Road ging, fand man sich in einer anderen Welt, und die brauchte man nach Ende des Zweiten Weltkrieges mehr denn je.
Der kleine vereinzelte Soldat entpuppte sich beim Näherkommen als Inder in britischer Uniform; er hielt mir stumm einen Zettel entgegen mit der Adresse eines Soldatenheims im East End der Stadt, vermutlich sein zugewiesenes Armeequartier.
Doch er verstand nicht die Erklärung, wie dorthin zu fahren; er verstand kaum Englisch. Aber anscheinend ermuntert durch meine Hilfsbereitschaft, zog er aus seiner Litewka eine kleine Tafel Schokolade, wurde, als ich dankend ablehnte, deutlicher: »Fraulein, Fraulein!«
Er schien so fehl am Platz in dieser Umgebung und dabei so verwirrt, daß sein Angebot mehr Mitleid als Furcht erweckte. Wie der Zettel zeigte, war der Inder in britischer Uniform vor kurzem erst aus Deutschland angekommen, vielleicht am selben Tag, und verstand

nicht, warum es in dieser Fremde hier anders zugehen sollte als in der Fremde dort.

»I no FRAULEIN«, sagte ich im international untermischten Pidgin-Englisch. »I five children« und zeigte die Hand mit fünf Fingern, wiegte kurz ein imaginäres Baby und deutete die Größe der restlichen vier an – eins zwei drei vier – wie die Orgelpfeifen. Das war zwar biographisch unwahr, aber das begriff der Inder sofort, lachte, war wie verwandelt und zeigte eifrig auf sich selber, hob vier Finger hoch und deutete in meiner Zeichensprache ein zwei drei vier indische Orgelpfeifen an. Was er aber dabei sagte, war so unglaublich, daß ich fragte: »what, what?« Der indische Soldat, der kaum ein Wort Englisch und vom Deutschen nur das Gebrauchswort »Fraulein« kannte, teilte seinen Vaterstolz auf jiddisch mit: »Bocher Bocher Bocher Bocher« zeigte er die verschiedenen Größen an, in glücklicher menschlicher Kommunikation über alle Unterschiede hinweg. »Bocher« bedeutet auf jiddisch »Junge«.

Was hatte in unserer Welt geschehen müssen, damit ein indischer Bauer in britischer Uniform im Londoner Kensington Gardens sich auf jiddisch verständigte.

Im britischen Dominion Indien war er in die Armee eingezogen worden, übers Meer verschifft und in einen Krieg geraten, von dessen Bedeutung er nichts begriff, war ebenso ahnungslos als britischer Kriegsgefangener in ein deutsches Lager gekommen, wo auf der anderen Seite des Stacheldrahts Gefangene in gestreiften Pyjamas waren, von denen er ein paar Wörter lernte, auch »Bocher«, denn in dem Lager auf der anderen Seite waren auch Kinder; dann aber war er, ebenso unvermittelt wie hereingekommen, wieder nach England verschifft worden, mit dem Zettel nach Kensington Gardens geraten, wo wir nun standen und er seine Bocher aufzählte.

Ich führte ihn zum Ausgang des Parks, wo schon die Bogenlampen angingen, zeigte ihm den Autobus, der in Richtung des Soldatenheims fuhr, und wir sagten byebye. Zwischen zwei Wörtern, zwischen »Fraulein« und »Bocher« war grell Babel sichtbar geworden.

Der alte Jan

Er bleibt lebendiger in Erinnerung als viele andere Leute, die ich durch die Jahre kannte in London. Ich brauche nur die Augen zu schließen und an den alten Jan zu denken, und er scheint hereinzukommen, leicht gebückt an seinem Stock, aber noch immer groß und mächtig und auf dem Holzschnittgesicht sein verschmitztes slawisches Lächeln. Er war alt, als ich ihn kennenlernte, und er starb bald danach. Doch trotz der Kürze der Bekanntschaft gehört der alte Jan zu den bedeutungsvollen Begegnungen, die sich in meinen letzten Monaten dort in unbegreiflicher Weise akkumulierten, als sollte sich das öde gebliebene London plötzlich mit Sinn füllen.

Was den alten Jan betrifft, so wurde ich zum Zeugen gemacht für ein Schicksal in seinem Endresultat, in, wie sich erwies, den letzten Tagen seines bunten, unerlösten Lebens, und zum Zeugen seiner unverhofften Lösung.

Wir treffen meist Menschen im Ablauf von gestern heute morgen, wenn das Leben wie endlos fließt. Der alte Jan aber war sichtlich nahe der großen Türe angelangt mit dem vorgegebenen Zwiespalt seiner Existenz. Seine schuldlose Tragik war die eines griechischen Mythos, denn er war im Bann mächtiger unsichtbarer Schemen. Und da das, dem er nachjagte, nicht einzuholen war, blieb er – scheinbar ein Schicksalsliebling, erfolgreich in Musik und Literatur und bei Frauen – immer weiter erwartend, schicksalsumweht. Denn wie ein einmal ausgesandter Lichtstrahl im Raum nie mehr einholbar dahinjagt, so jagten seine Schemen vor ihm her.

Er war im letzten Viertel des vorigen Jahrhunderts geboren, wuchs auf als Hans, der Sohn eines kleinen Staatsbeamten in der österreich-ungarischen Monarchie, studierte und wurde Bibliothekar an der kaiserlichen Hofburg zu Wien. Doch – wie er am letzten Abend vor seiner Abreise nach Warschau erzählte – hatte ihn nie das Gefühl verlassen, daß seine braven, beschränkten Eltern nicht seine Eltern wären, ohne daß er Anhaltspunkte dafür gehabt hätte.

Es scheint, daß der Mensch seinen Ursprung kennen muß; und es scheint, daß etwas in ihm es ahnt, wenn diese Quelle verfälscht wird, und daß dann eine unbegreifliche Unruhe ihn hinaustreibt aus den Bahnen des gewöhnlichen Lebens. Ödipus' Verstrickung ist nur eine Variante des Themas.

Hans, der Bibliothekar an der Hofburg zu Wien, suchte und forschte durch Jahre, bis er schließlich auf eine Geheimakte stieß, die besagte, daß er das skandalöse Kind einer Gräfin und ihres polnischen Porträtisten war, das sofort nach der Geburt unter strengster Geheimhaltung einem kinderlosen Ehepaar in der Provinz zur Adoption übergeben worden war.

Es brauchte lange Zeit und große Mühe, bis er die verwischte Spur der Mutter auffand – längst von ihrem Grafen geschieden und in Amerika wiederverheiratet. Er reiste nach Amerika, traf die noch immer charmante Frau; von ihrem passionierten polnischen Liebhaber aber wußte sie nichts als den Namen.

Von nun an suchte Hans nach ihm, durch Jahre, Jahrzehnte vergebens. Er nahm den Vatersnamen an, nannte sich Jan und begann Polnisch zu lernen. Er lernte es so gut, daß, als ich ihn vierzig Jahre später kennenlernte, der ehemalige Bibliothekar an der k.&k. Hofburg mit polnischem Akzent Deutsch sprach. Jan hatte sich zu Ende des Ersten Weltkriegs nach Paris durchgeschlagen, wo General Pilsudski seine Auslandsarmee zur Rückkehr in das wieder selbständige Polen vorbereitete. Jan wurde sein Adjutant, und als Pilsudskis Adjutant kam er in sein unbekanntes Vaterland.

Auf diese Weise hat er mit unerhörter Konsequenz die Verwirrung seiner Existenz zu lösen versucht; und Polen hielt ihn, den trotz aller Sophistikation gläubigen Katholiken, mit dem bunten Leben in den Metropolen Europas, mit unstillbarer Sehnsucht in Bann.

Dann kam Polens Besetzung, der Zweite Weltkrieg, und Jan landete in London und war mit Kulturaufgaben bei der polnischen Exilregierung beschäftigt.

Seine Lebensgeschichte, seine Lebensverwirrung erzählte er am Abend, bevor er in einer Kulturmission in das kommunistisch gewordene Polen fahren sollte. Aber ob Pilsudski, ob Gomulka war für Jan unwesentlich. Es war Polen, Polen.

Er war für zwei Wochen gefahren. Er kam nicht zurück. Er starb nach zwei Wochen in Warschau, in einem katholischen Krankenhaus, allein, aber zweifach zu Hause. Und vielleicht wandten sich in seinem letzten Dämmern die ewig fliehenden Schatten um und nahmen ihn endlich auf.

Würde

Wulf erzählte:
»Würde konnte es nicht geben im KZ. Stellen Sie sich vor, man hätte Gandhi nach Auschwitz gebracht. Zwei SS-Leute hätten ihn über den Platz geführt, und alle wären wie erstarrt gestanden in Ehrfurcht vor dem kleinen nackten Mann mit dem weißen Lendenschurz. Aber da hätte ihm einer der SS-Männer eine Schale Suppe über den Kopf geschüttet, und da wäre es kein Gandhi mehr gewesen, wie ihm die Nudeln von der Stirn ins Gesicht gehangen hätten, sondern eine komische Figur, und alle hätten gelacht.«

Tich erzählte:
»Es war ein begehrter Job, in der Früh die Leichen von Häftlingen, die in der Nacht gestorben waren, über den Hof abzuschleppen. Man dachte sich nicht mehr viel dabei, der Mensch gewöhnt sich an alles. Und an einem Morgen stand da auf dem Hof eine ausgerichtete Reihe junger Männer in adretten Uniformen – die Polizei von Kopenhagen, die sich geweigert hatte, Juden aufzuspüren. Und wie wir mit unsrer Ladung Leichen vorüberkamen, da haben sie wie ein Mann die Mützen vom Kopf genommen. Da haben wir uns auf einmal erinnert, daß wir Menschen waren.«

Stein auf ein unbekanntes Grab

Wäre Franz Kafka in seiner Demut je auf den ihm unvorstellbaren Gedanken gekommen, sein Werk würde später in der ganzen Welt berühmt werden und sein Leben Gegenstand minuziöser Forschung, er hätte gesagt: »Dann wird man auch sagen zu ihrem Gedächtnis, was sie getan hat.« Und damit wäre nicht Milena gemeint und keine der Bräute, sondern damit wäre gemeint Otla, seine um neun Jahre jüngere, seine vertraute Schwester, die in ihrer wortkargen simplen Existenz darstellte, was die »erlösenden einfachen Frauen« in Kafkas Büchern durchleuchtet.

In den dreißiger Jahren lebte sie, eine etwas ungeschlachte große Frau mit leuchtenden Augen, als Ehefrau eines tschechischen Juristen und ging auf in ihren Pflichten des Kochens, Einkaufens, Hundausführens und der ständig bereiten Liebe für ihre beiden Töchter, weitäugig und scheu. Und sie ging aus diesem Leben schweigend in den gewählten Tod, als wäre ihr Leben nur gewährleistet gewesen durch würdeloses Stillhalten in ihrem Schicksalskompromiß; sie ging den Weg, aber als gelebte Lösung aus der Verstrickung, mit der Franz Kafka sein Leben lang rang. – Seltsamerweise wurde ihre Geschichte von der Franz-Kafka-Forschung, als sie schon mehr als zwei Jahrzehnte lang die literarische Welt beschäftigte, nicht wirklich zur Kenntnis genommen.

Meine Bekanntschaft mit Otla begann, als ich 1933 als

junge Emigrantin nach Prag kam. Früh schon hatte ich den – damals noch wenig bekannten – Kafka gelesen und fasziniert immer wieder gelesen. Der erste Kontakt zu Otla und ihrer Familie war also aus literarischem Antrieb entstanden – die daraus entspringende Freundschaft von 1933 bis 1939 galt Otla persönlich. Denn sofort beeindruckte die staunende demütige Reinheit wie aus einer anderen Dimension, die sich in dieser zögernden Hausfrau, die mit stark tschechischem Akzent Deutsch sprach, verbarg. Und da Otla sich mit mir vertraut fühlte, gab es keine Woche ohne Besuch in ihrer Familie.

Von Franz sprachen wir kaum miteinander; sie hätte nichts über ihn zu erzählen, sagte sie verlegen, wenn, damals schon, Studenten sie interviewen wollten, die ihre Doktorarbeit über Kafka planten, und sie bat, ihr solche Gespräche abzuwenden.

Sie hatte auch wirklich nichts über ihn zu sagen, sie, zu der er floh, wenn es ihn zu erwürgen drohte, der in enger »telepathischer« Verbindung mit ihr war. (»Liebe Otla, heute nacht ... wachte ich etwa um 5 Uhr auf und hörte Dich vor der Zimmertür ›Franz‹ rufen, zart, aber ich hörte es deutlich. Ich antwortete gleich, aber es rührte sich nichts mehr. Was wolltest Du? Dein Franz.«) Sie hatte nichts über ihn zu sagen, da sie – wie eine Kafka-Figur – völlig unreflektierend war, nur war, eben nicht Figur, sondern ein Urbild seiner Welt, gebannt in einfache Hausfrauenkleider, in eine ungemütliche Kleinbürgerwohnung.

Ihre bizarre Lebenssituation unterstrich noch die Kafka-Atmosphäre: Otla war verheiratet mit einem kleinbürgerlichen Tschechen, der gern aß, zur Laute sang, sich durch Zeitungslektüre politisch engagierte. Wenn es je eine rätselhafte Mesalliance gegeben hat, so hier. Otla war sogar fast einen Kopf größer als ihr Mann, mit dem sie nichts, aber auch nichts zu verbinden schien; nie habe ich sie miteinander über anderes als sein Menü ein Wort wechseln hören, und ihr »Du« zu ihm kam immer zögernd. Auch von seiner Seite her war die Kombination völlig unverständlich. Welche phantastischen, unglaublichen Umstände hatten mitgespielt, daß der kleine, mittelmäßige Mann, dem pralle, übermütige Mädchen gefallen mußten, sich vor fünfzehn Jahren an dieses nicht mehr ganz junge jüdische Mädchen heranmachte; anstatt in seiner Atmosphäre zu bleiben, in der er vermutlich glücklich geworden wäre und nicht, letzthin überfordert, sogar zu einem banalen Judas. Der Irrtum einer Stunde der Verführung im Grünen (vielleicht wollte Otla in ihrer scheuen ›Ehrfurcht vor jedem Menschen‹, die sie von Franz erwähnte, ihn nicht kränken, als er sich ihr näherte) hatte zu dem bizarren Haushalt in der Bilkova 4, nahe dem Altstädter Ring, geführt. Außer der Schwester Elli und ihren Kindern sowie einem russischen Emigrantenmädchen, deren Otla sich annahm, habe ich in all den Jahren keine anderen Besucher in ihrem Hause angetroffen.

Auf dem Kohlenherd schmorten immer volle Töpfe, alle Arten von Speisen, und die Kinder und der Mann aßen, wann und was sie wollten. Otla selber aß kein Fleisch. Aber das merkte man erst mit der Zeit, da sie nicht darüber sprach und ihr nie der Gedanke gekommen wäre, jemanden anderen zu beeinflussen. So erfuhr man auch nur zufällig, daß der Persianerkragen auf ihrem Mantel Imitation war. Ihr Stachelhaarterrier war ein Lebewesen, ebenso wichtig wie die ständig umsorgten Töchter, damals 14 und 12 Jahre alt; Vera sehr ähnlich der Kafka-Linie (Franz, Otla, deren Mutter), mit den weiten, dunklen Augen, Helenka blond, äußerlich mehr nach dem Vater. Sie hingen überstark und kindisch an der Mutter, die nur für sie da war. Otla war die letzte meiner Freunde, von der ich vor der Flucht aus Prag heimlichen Abschied nahm, nachdem die Deutschen einmarschiert waren.

Beim ersten Besuch in Prag nach Kriegsende rief ich sofort im Hause D. an – furchtsam wie bei allen tschechischen Freunden, die zurückgeblieben waren. Otla sei nicht mehr, sagte Dr. D. feierlich am Telefon und bat mich, so bald als möglich zu kommen. Er würde die Töchter verständigen; sie seien verheiratet und lebten nicht zu Hause.

Er saß und spielte auf der Laute die jiddischen Lieder, die er vor Jahren durch mich kennengelernt hatte. Die Situation war voll peinlicher Sentimentalität, und ich wußte nicht warum: Sie kam einem Witwer doch zu. Dann kamen die Töchter, saßen schweigend, baten mich, sie am nächsten Tag an anderem Ort zu treffen.

So erfuhr ich die Geschichte.

Nicht gleich. Zuerst drängten die jungen Frauen: »Erzähl uns von der Mutter. Wir haben alles vergessen. Wir haben sogar vergessen, wie sie ausgesehen hat. Erzähl uns, vielleicht werden wir uns dann erinnern.«

Was war geschehen?

Als auch im »Protektorat Böhmen-Mähren« die Nürnberger Gesetze in Kraft traten und die beiden Schwestern samt deren verbleibenden Kindern deportiert waren, blieb Otla geschützt durch ihre Heirat mit einem »arischen« Mann. Ihm entstanden dadurch gewisse materielle Beschränkungen. Ihm war nicht der Charakter gegeben, dies wortlos auf sich zu nehmen; auch fürchtete er sich.

In dieser Welt äußerster Unwahrhaftigkeit, des Mißtrauens, der Herabsetzung wurde, so ist aus ihrem Schritt ersichtlich, die unschuldige unreale Otla aus ihrem Hinnehmen geweckt (war Franz Kafka je die Namenswahl seiner ›Olga‹ im ›Schloß‹ bewußt geworden?) und sie begann, planmäßig und mit nie gekannter Schlauheit sich ihren konsequenten Weg zu bahnen. Sie legte dem Mann die Scheidung nahe, die er zuerst, mit einem Rest von Anstand, zurückwies. Die weltfremde Otla wußte auf einmal ein Argument seiner Denkart zu benützen: Den Kindern, so sagte sie ihm, Halbjuden und getauft, würde nach seiner Scheidung von ihrer jüdischen Mutter das Erbe der Kafkaschen Familienhäuser erhalten bleiben. Das gab dem Juristen einen »vernünftigen« Vorwand, und es kam zu Scheidung aus ›rassischen Gründen‹. Nun war Otla frei, vogelfrei. Sie registrierte sich als Jüdin; bald bekam sie die Einberufung nach Theresienstadt. Nun erst dämmerte den jungen Mädchen etwas von der Reichweite der Scheidung auf. Der Verlobte der Älteren, ein christlicher Tscheche, wollte Otla pro forma heiraten, um ihr Schutz zu geben – unwissend, daß dies gesetzlich nicht mehr möglich war; Otla lehnte ab.

Ruhig führte sie ihren Plan durch. Sie brachte das Haus in Ordnung, packte einen Rucksack. Es gab da eine Szene am Vorabend ihres Weggehens: Der praktische Ehemann fettete Otlas feste Schuhe ein, wie er es beim Militär gelernt hatte, um sie wetterfest zu machen; er tat es gründlich und eifrig und sagte befriedigt: »Da wird dir kein Wasser durchkommen.« Das sahen, das hörten die schreckerstarrten Mädchen. Erst als die Mutter am nächsten Morgen gegangen war, löste sich die Starre. Nun bestürmten sie die Behörden, sie standen am Tor von Theresienstadt und bettelten um Einlaß, um Internierung. Die wurde abgelehnt: Das Gesetz traf nicht auf sie zu. Sie schickten Pakete mit Lebensmitteln, die sie teuer auf dem schwarzen Markt kaufen mußten – zuerst mit Einwilligung des Vaters, später heimlich, da ihm dies zu teuer und gefährlich schien. Es kam eine Karte von der Mutter, ein vorgedrucktes Formular »Es geht mir gut«, mit ihrer Unterschrift. Es war die einzige. Es blieb die einzige. Später erfuhr man, daß Otla sich freiwillig gemeldet hatte, einen Kindertransport nach Auschwitz zu begleiten. Weiter hat man nichts mehr von ihr gehört.

Ich denke oft an Otla. Und ich denke, daß sie auf dem Weg, den sie ging, so zufrieden und mit sich im reinen war wie jeder, dem das seltene Glück der Einung mit sich selber zuteil wird. Otla hat einen Weg gefunden, ihrem Schicksal nicht verzweifelt ausgeliefert zu sein: nicht wie Josef K. im »Prozeß« in nutzloser Bemühung um Aufklärung der geheimen Anschuldigung schließlich doch von den »beiden Herren in Gehröcken und unverrückbaren Zylinderhüten« exekutiert zu werden; nicht, wie K. im »Schloß« durch vergebliche Kontaktsuche mit den Beamten schon zu apathisch dazu zu sein, als sich unverhofft eines Nachts die Gelegenheit ergibt. Otla muß inmitten der bizarren Höllenverwirrung ringsum plötzlich gewußt haben, wie sich durch einen Entschluß aus dem scheinbar unentrinnbaren Netz zu befreien, durch eine Tat die Entfremdung aufzuheben. Die Kinder waren groß, ihnen konnte sie nicht mehr helfen, nur noch sie gefährden. So war sie frei, alles zwiespältige Gewohnte abzustreifen, ihr Päckchen zu schultern und, zum erstenmal frei von Netz und eins mit sich, davonzugehen, dorthin, wo ihr wortloses grenzenloses Erbarmen mit allem Lebenden bis zuletzt erlaubt war, ohne Entfremdung zu erfordern.

Charade

Memoriam Prof. C. G. J.

Ich war versehentlich eine Station zu weit gefahren und machte mich nun zu Fuß auf den Weg zurück nach Goldbach, vorbei an patriarchalischen Villen tief drinnen in sorgsam gepflegten Gärten in schweigender Sommerruhe. Und im Garten vor einem Haus neben einem runden Turm erkannte ich zu meiner ehrfurchtsvollen Überraschung den fast mythisch berühmten Besitzer, einen mächtigen alten Mann von patiniertem Marlboro-Typ. Ich blieb stehen, weitäugig, zuerst bewundernd, dann aber gebannt von seiner sonderbaren Beschäftigung: prüfend hielt er zwei angefeuchtete Finger in die Luft, wie ein Seemann, der probiert, woher der Wind bläst. Diese maritime Geste erschien fehl am Platz, denn man war weit vom Meer – wenn auch nicht im Herzen, so doch im Zentrum des Kontinents; dann nahm er etwas von seiner Schulter – ein Kleidungsstück? –, hielt es hoch über den Kopf, so daß es waagrecht im Winde flatterte und, als der sich drehte, frisch in die neue Richtung wehte. War es ein Experiment? Eine Probe? Anscheinend befriedigt, hängte er sich das Stoffzeug über die Schulter, von der es aber rutschte, denn, sah ich, es war viel zu klein: ein Mantel war es, für eine sehr kleine Statur, ein Mäntelchen, das er da nach dem Wind gehängt hatte, in keiner Weise passend für einen großen Mann. Es schien ihn aber nicht zu stören, ihm nicht einmal aufzufallen. Da bemerkte er mich jenseits des Gartengitters, und ich bemerkte zum ersten Mal die Nasenflügel in dem Marlboro-Image, böse Nasenflügel, die sich zornig blähten. Er schrie: »Was machen Sie da? Wer schickt Sie? Was haben Sie gesehen? Sie lügen! Nichts haben Sie gesehen!« Ich stand weiter stumm, weiter wortlos, sprachlos. Da erklang eine ruhige Stimme aus dem Hintergrund.

Vorher nicht wahrgenommen und auch jetzt eigentlich kaum wahrnehmbar, wölfisch grau in grau, stand sie nahe am Haus, eine Erscheinung von beherrschender Ausstrahlung – eine graue Eminenz.

»Keine Sorge, keine Sorge«, sagte sie ruhig. »Wer hat gesehen? Ich habe gesehen, wir haben gesehen, daß sie nicht hier war, obgleich geschickt zum Gartenzaun ...« Und durch das offene Fenster vom Innern des Hauses – die Schreibmaschine setzte für einen Moment aus – wiederholte geflissentlich eine Stimme »... jawohl, daß sie nicht hier war, obgleich geschickt – –«, und der große Mann ging kopfnickend auf das Haus zu.

Welch rätselhafte dreifache Übereinstimmung. Betraf sie mich? Betraf sie mich, die Aufregung? Verwundert setzte ich meinen Weg nach Goldbach fort, entlang dem Zürichsee, entschlossen, den unverständlichen Vorfall zu vergessen.

Aber man soll nicht die Rechnung ohne den Wirt machen. Dem Zeugen wird nicht vergeben. Auch Andersen erzählte nicht, wie es dem Kinde weiter erging.

Das schweigende Paar

Ich lernte das alte Paar nach dem Krieg in Berlin kennen: Sie hatten die Hitlerzeit in Deutschland auf fast unverständliche Weise illegal überlebt; unverständlich, weil sie beide ein stark jiddisch gefärbtes Deutsch sprachen und der alte Mann sich nur auf einer Krücke unter der Achsel fortbewegen konnte. In seinem heimatlichen polnischen Städtel hatte man bei Kinderlähmung heiße Kartoffel aufgelegt, weil man nichts anderes kannte, und der rechte Fuß verkümmerte, und die Hüfte blieb gelähmt.

Aber anscheinend kannten die Deutschen nach 1942 nur noch das Stürmerbild von Juden, so daß sie sie in ihrer Wirklichkeit nicht erkannten und in dem Sprachengemisch von Österreichern, Sudetendeutschen, von französischen, polnischen, russischen Zwangsarbeitern Dialektfeinheiten nicht unterschieden. Nur so ist es zu verstehen, daß der alte Mann einmal auf dem Bahnsteig von Salzburg, als ihn ein Gestapobeamter zur Dokumentenkontrolle anhielt – Dokumente, die er nicht besaß –, mit einem tollkühnen »Was, schon wieder?« sein Leben rettete.

Sie trafen in jenen Jahren nur gelegentlich zusammen, da dem Mann Herumreisen am sichersten schien. Die große, grobknochige Frau, mit einer Stahlbrille und den grauen Haaren wie eine Bäuerin in einem Knoten, wie sie sie immer getragen hatte, lebte mit der jungen

Tochter auf dem Dorf. Ihre nüchterne, kurz angebundene Art war nicht aufgefallen, wie anscheinend auch nicht der zarte edle Kopf auf dem eleganten Krüppelkörper des Mannes. Nun nach dem Kriege wohnten sie in Lichterfelde, und sie hatten seit dreißig Jahren nicht mehr miteinander gesprochen. Warum, wußte keiner, auch nicht die alten Freunde und Verwandten, nicht die Kinder; den Besuchern in ihrem offenen Haus fiel es nicht einmal auf.

Sie sprachen auch bis zum Ende ihres gemeinsamen Lebens – der Alte starb sechs Jahre, nachdem ich sie kennengelernt hatte, obgleich die Ärzte nicht verstanden, wie der ausgemergelte Körper und das schwache Herz des intensiven alten Mannes auf der Krücke so lange durchhielt –, sie sprachen auch bis zu seinem Tode nicht miteinander, mit einer einzigen Ausnahme.

Beide hatten mich befreundet, jeder auf seine Art, und meine jeweilige Freundschaft mit dem anderen respektierten sie, denn es ermöglichte ihnen, sich auf ihre Weise miteinander zu unterhalten. »Wissen Sie, mein Mann ...«, sagte dann die alte Frau mit einem bösen Vorwurf; auf den der mit »Wissen Sie, meine Frau ...« erwiderte. Ich war die schweigende Transmissionsscheibe für ihre brennend notwendige Haßkommunikation.

Eines war klar: es war die Frau, die den Mann seit dreißig Jahren mit Schweigen strafte. Hinter ihrer demonstrativen Verachtung verbarg sich vermutlich eine tödliche Kränkung, die auch die Zeit der Illegalität und die endliche Rettung nicht gemildert hatte.

Der Alte war bei mir zum Abendessen, als er krank wurde. Im Laufe des Abends wurde ihm übel, und ich brachte ihn im Taxi in eine Klinik, verständigte von dort aus die Frau, die tief erschrocken klang.
Es war eine schwere Gallenblasenentzündung. Man gab ihm Penicillin. Er reagierte mit Schock, den er überwand, doch die Gallenwege blieben verschlossen. Das Fieber stieg. Operation kam wegen des Herzens nicht in Frage. Der Alte würde sterben.
Da versammelte sich am Nachmittag in seinem Einzelzimmer in der Klinik die Familie: die solidarisch mit der Mutter aufgewachsene Tochter und ihr Mann, der anhängliche Sohn mit Frau und zwei wilden kleinen Buben, die Frau, eine alte Familienfreundin, mit der man gemeinsam die Illegalität überstanden hatte, ich.
Der Alte lag hoch aufgebettet, das mumienhafte Gesicht hochrot vom Fieber, mit glänzenden Augen, strahlend, als ihm nun endlich die lange verweigerte Ehre zuteil wurde, weil er sterben würde. Da trat die Frau zu ihm ans Bett.
Alle verstummten, als die beiden nun miteinander sprachen, zum erstenmal seit dreißig Jahren. Er gab kurze genaue Anweisungen und Auskünfte, sie stellte kurze barsche Fragen betreffend Wohnungsvertrag, Bank, Miete, Versicherung. Schlüssel, Papiere gingen von seiner Hand in ihre. Das war alles. Dann gingen wir. Niemand sagte gute Besserung, sondern alle nur einfach adieu, das endgültige, wie wir alle wußten, einschließlich dem strahlenden Alten.

Zeitig am nächsten Morgen kam ein Anruf aus dem Krankenhaus. Das Nicht-zu-Erwartende war in der Nacht geschehen – die Gallenwege hatten sich spontan geöffnet, die gestaute Galle war abgeflossen, das Fieber gesunken. Der Alte würde leben. Die Ärzte konnten es sich nicht erklären.

Er erholte sich erstaunlich, lebte auf, kehrte heim, elegant und intensiv wie vorher. Und wie vorher schwieg die Frau.

Er lebte noch zwei Jahre und starb während einer Kur in Spa.

Die alte Frau zog um in eine kleinere Wohnung. Aber das Leben hatte den Sinn verloren, da sich der Gegenpol davongemacht hatte, fern von zu Hause. Ein Schlaganfall lähmte sie halbseitig, und in den qualvollen Wochen im Krankenhaus versuchte sie lallend etwas mitzuteilen, dringlich, immer wieder. Aber es war bei aller Anstrengung nicht möglich, sie zu verstehen, und so starb sie, ohne es gesagt zu haben. So liegen die beiden für die Ewigkeit schweigend nebeneinander auf dem Jüdischen Friedhof zu Berlin.

Eidon

Kürzlich, bei Sprengungen für eine neue Autostraße in der Nähe von Bet Shemesh – zu deutsch: Haus des Sonnengottes, Geburtsstadt von Samson, dem tragischen Helden, und der Ort, wo die Philister die im Triumph entführte Bundeslade der Israeliten entsetzt deponierten, als sie sie mit Seuchen schlug –, bei Bet Shemesh entdeckte sich plötzlich eine unterirdische Höhle mit Stalagmiten und Stalaktiten. In Vorzeiten hatte das Meer die Ebenen bedeckt, und als es zurückwich, rieselte und tropfte es durch die vielfältigen Stein- und Erdschichten in die domartige Höhle unterm einstmaligen Meeresgrund, und so bildeten sich an Decke, Wänden und Boden die vielfältigsten versteinerten Formen in tausendfältigen Schattierungen von Gelb und Braun.

Die Luft in der Höhle war feucht – fast neunzig Prozent –, und es war auf eine merkwürdige Art still, als wir auf den leise schwankenden Bretterstegen über Abgründe um die riesige Rundung gingen, langsam, verstummt, überwältigt. Die indirekte Beleuchtung akzentuierte Wunderpaläste aus Tausendundeiner Nacht und unterirdische Gnomen-Schlösser.

Nein, anderes. Viel Phantastischeres: Man war wie in die Werkstatt versetzt, wo seit zehntausend Jahren Modelle für Symbole künftiger Kulturen und Religionen entworfen worden waren und wo weiter Schöpfung

vor sich ging, hier, jetzt, wenn leise ein Tropfen in die Stille fiel.
Eine weit geschwungene Nische, gefüllt mit gedrungenen mexikanischen Göttern und Tempelmodellen der Inkas – wie es schien, in allen Einzelheiten, die sich erst als Zufälligkeiten erwiesen, wenn man ein Detail nahe betrachten wollte; dann indische Tempelfresken mit tausendfachen rundhüftigen Huris; an einer anderen Stelle spannten sich ziseliert durchbrochene Spitzen aus Stein wie an gotischen Domen; unter dem Brettersteg ein riesiger stilisierter Löwe, ägyptischer Tempelwächter.
Es war heiß, feucht, still, nur unsere Füße scharrten leise auf den Bretterstegen. Hier nun hingen von der unterschiedlich hoch gewölbten Decke Tausende weißliche Zapfen – dünne, dicke, gewaltige. »Makkaroni« nannte sie die Hosteß, was nicht, wie zuerst angenommen, ein banaler Witz war, sondern der beste Vergleich für die Röhrenform mit der runden Öffnung nach unten. So ein »Makkaroni« entstand, erklärte sie gemäß ihrer Instruktion, durch allmähliche Ablagerungen der durch die Decke sickernden Chemikalienlösung, während von den herunterfallenden Tropfen auf dem Boden gegenüber im Kontrapunkt ein Zapfen – kein Makkaroni – entgegenwuchs; einige Millimeter pro Monat, so daß man das Alter genau bestimmen konnte.
Wir standen vor einer unauffälligen, nicht zu dicken Säule; Säule, da die beiden gegenüberliegenden Zapfen an ihren dünnen Enden bereits miteinander verschmol-

zen schienen. Dann aber bemerkte man, daß noch ein paar Millimeter Zwischenraum sie trennten – Wachstumssekunden in Steinzeit und selbst nach Menschenmaß nur Monate, Wochen. Hier aber würde die Trennung in Ewigkeit bestehenbleiben.
Manchmal, so erklärte die Hosteß, hörte das Wachstum auf, weil aus irgendeinem Grund der Prozeß aufhörte. Das war hier geschehen, nach Jahrhunderten Aufeinander-Zuwachsens, und wir standen vor der abstrakten Plastik der »Ewigen Verhinderung«, in der unterirdischen Werkstatt der Entwürfe.
Und auf einmal begriff man die Einheit der Welt für Steine und Sterne und Menschen gleichermaßen, dieselbe Tragik der Verhinderung, durch eine Laune der Natur, durch chemische Programmierung von Anfang an, durch einen mißgünstigen Gott oder Menschen oder einfach blinden Zufall, begriff Tantalus und Orpheus und Eurydike, Jago und den toten Mond, Schubert, der nie ein Klavier besessen hatte, und Sie und dich und mich.

Katze

Sie war ihnen vor neunzehn Jahren als Junges zugelaufen und war nun eine undistinguierte schwarze Katze, die in dem vielbeschäftigten Leben des älteren Ehepaares, das man immer nur zusammen sah, nicht wegzudenken war. Ihre Versorgung hatte dasselbe Gewicht wie die hektische Arbeit, wie die eigene Verpflegung. Vor Reisen wurde sie auf dem Weg zum Flughafen – im letztmöglichen Moment – in eine Tierpension gebracht, mit einer Beruhigungsspritze des Tierarztes, der sie von Jugend an betreut hatte. Zu längeren Auslandsaufenthalten reiste die Katze mit, und die Formalitäten dafür waren größer als für menschliche Passagiere. Die Sorge um die Bedürfnisse der Katzenexistenz, wie für die meisten praktischen Erledigungen, hatte die unendlich verläßliche, unendlich gleichmütige Ehefrau des brillanten und witzigen Mannes, der selbst keine Kinder hatte, aber mit Späßen um jedes Kind warb. Nie hat man bei ihm etwas Geistloses, einen Fauxpas, nie einen Fehler in seiner unauffälligen Eleganz erlebt, nie eine unkontrollierte Äußerung.

Eines Abends, während eines legeren Nachtmahls, kam die schwarze Katze wie üblich von ihrem Auslauf durch das Gartenfenster zurück und sprang dem Hausherrn auf den Schoß, und der brach in einen Zärtlichkeitsstrom von Liebkosungen, Wörtern in taumelnder Kindersprache, Liebessprache aus, den die Katze, anschei-

nend daran gewöhnt, über sich ergehen ließ, bis sie schließlich, fast höflich, entwich.
Dann hatte er, wie schon einige Male, einen Herzanfall. Er war nicht mehr der Jüngste. Wie schon öfter in den vergangenen Jahren ging die Frau, die nie den Kopf verlor, ins Nebenzimmer und telefonierte nach einer Ambulanz. Als sie zurückkam, war es bereits zu Ende. Diesmal war das letzte Mal gewesen; für beide, unausgesprochen, nicht unerwartet.
Sie war erstaunlich ruhig, drei Tage danach, und plante vernünftige Veränderungen. Während sie Kaffee einschenkte, erzählte sie, wie sie damals den langjährigen Tierarzt angerufen hatte, er solle der Katze eine Spritze machen; er sei auch gleich gekommen, als er hörte, der Mann war gestorben. Er hätte nur gefragt: »Ist es nicht schade?«
Ich überlegte, ob ich vielleicht etwas überhört oder nicht richtig verstanden hatte, registrierte erst jetzt, daß die Katze nicht, wie üblich, irgendwo herumlag, wagte aber nicht zu fragen.
Die Frau sagte: »Wie ich damals vom Telefon zurückgekommen bin, war er tot, und die Katze ist ihm auf dem Bauch gesessen. Da hat es mir gereicht.«
Ich sagte, danke, keinen Kaffee mehr, aber könnte man das Gartenfenster aufmachen, es ist stickig hier drinnen. »Aber natürlich«, sagte sie.

Greller Spuk

Das Ganze begann im behäbigsten Rahmen, mit der Einladung eines älteren Ehepaares – ich war erst kurze Zeit in Israel –, den kommenden Schabbat bei ihnen zu verbringen. Freitag mittag fuhr ich aus Jerusalem hinunter nach Tel Aviv, wo es an diesem Augusttag heiß und feucht war wie in einer Sauna. Doch als ich ankam, entschuldigten sich meine Gastgeber, sie hätten überraschend das Baby ihrer Tochter zu hüten, sie hofften, der Ortswechsel machte mir nichts aus. Also nahmen wir ein Taxi dorthin.

Das neue exklusive Viertel Tel Avivs war eben erst fertiggestellt, noch wenig bewohnt. In großen Abständen ragten weiße Luxusblocks auf weiten gelben Sandflächen für zukünftige Plätze, Gärten und geplante Straßen, und man war froh, aus dem Taxi schnell durch den Sand in den Schatten des überdachten Vestibüls zu waten, zum Lift, zu den Treppen im Hintergrund.

Es war eine elegante, eine geräumige Wohnung im ersten Stock, mit gut funktionierender Luftkühlung, das Baby kaum bemerkbar in einem entlegenen Zimmer, das Abendessen perfekt; der nächste Vormittag verging in entspannender Langeweile bis zum Mittagessen mit seinem traditionellen Menü, wonach meine Gastgeber ruhen wollten, ich eine Zigarette rauchen. Bei ihnen aber konnte man am Schabbat nicht rauchen; sie gaben mir den Wohnungsschlüssel, und ich ging, nur mit Zigaretten und Streichhölzern in der Hand, auf einen Sprung hinunter.

Schon im überdachten Vestibül schlug einem glühende Hitze entgegen, aber draußen war es wie in einem Feuerofen. Die Schnellstraße nach Haifa sei kaum mehr als hundert Meter entfernt, hatten sie gesagt, und dort seien Bänke, und so ging ich dem Rauschen der Autos nach, einmal links-, einmal rechtsherum, wie es sich traf, fand eine Bank, zündete eine Zigarette an und dachte voll Sympathie an Thomas Mann, der auch fand, das Beste an einem guten Essen sei das Rauchen danach. Kein Mensch weit und breit in der Siesta-Stunde eines glühenden Frühnachmittags, kein Laut außer dem Sausen der Autos. Bei der zweiten Zigarette aber wurde die Hitze so überwältigend, daß ich mich auf den Rückweg machte. Das dünne Sommerkleid klebte am Leib, die Haare am Kopf, das Gehen im Sand war mühsamer als auf dem Herweg. Ich überlegte, wo ich nach links, nach rechts abgebogen war, ich hatte nicht darauf geachtet, und es gab ja auch keine Merkmale, an denen man sich hätte orientieren können; mir schien, daß ich schon viel mehr als hundert Meter gegangen war. Leichte Panik stieg auf. Aber man war ja nicht in der Wildnis, beruhigte ich mich, schlimmstenfalls mußte man eine Telefonzelle suchen und im Telefonbuch nachschauen. Da kam mir zu Bewußtsein, daß ich nicht den Namen der Tochter wußte, bei der wir gelandet waren; und gleich darauf, schon mit einer Vorahnung von Katastrophe, daß ich auch kein Geld zum

Telefonieren bei mir hatte; dann, endgültig der Schreck, daß ich gar nichts bei mir hatte. Alles – Geld, Identitätsausweis, Adreßbuch, ja selbst meine Rückfahrkarte nach Jerusalem war in meiner Handtasche, und die war in dem anonymen Block. Jeder Ausweg, der mir einfiel, führte immer wieder nur dorthin, wie von listigen Kobolden ausgepicht und perfekt geplant. Unbemerkt, von einem Moment zum anderen, war ich ausgeschieden aus jedem Zusammenhang. Reglos, tonlos ragten nach allen Seiten die weißen Blocks auf dem gelben Sand gegen den blauen Himmel, ein surrealistischer Alptraum, in den ich gebannt war. Ich konnte nichts machen. Nichts. Ich stand.

Eine helle, eine naive Stimme plapperte, irgendwie würde sich die Situation schon lösen, ich wüßte nur nicht wie, ich wüßte nur noch nicht wie, aber morgen, wenn die Gegenwart schon Vergangenheit war, würde ich sagen, ja gestern um diese Zeit...

Wieso das selbstverständlich erschien, ist nachher nicht recht zu begreifen; aber ich begann wieder zu gehen, mit den Zigaretten in der Hand und dem Schlüssel, langsam, unmüde, absichtslos; links, geradeaus, zurück, rechts, wie es sich traf, kurze Zeit, lange Zeit. Tief drinnen in einem Vestibül schien da etwas Rechteckiges, Helles, auf unbekannte Weise bekannt – aus einem Traum? – déjà vu? – gestern beim Hereinkommen gesehen? – vergessen – noch von draußen geblendet, tappte ich mich ins dämmrige Vestibül an dem Spiegel an der Hinterwand vorbei, stieg die Treppe hinauf in den ersten Stock und sperrte die Wohnungstüre auf. Meine Gastgeber schliefen noch.

Lauf

Memoriam Dr. M. K.

Die Nachricht, daß er gestorben war – sie verbreitete sich wie ein Lauffeuer –, traf Tausende wie ein Schock, der im ersten Moment noch nicht Trauer zuließ, sondern nur Unglauben; seine Lebendigkeit war unvereinbar mit der Vorstellung von Tod. Als sie es begriffen, schien Jerusalem dunkler.

Die Tausende kannten ihn aus einer seiner Tätigkeiten – der einen am Morgen, der anderen am Nachmittag. In jeder strahlte er aus wie ein Radiumatom, machte Kompliziertes durchsichtig, belebte Wissen mit Sinn. Dabei hielt er zwischen den beiden mittags keine Siesta, wie in einem heißen Land üblich. Er brauchte, sagte er, immer nur drei Stunden Schlaf, nachts zwischen zwei und fünf. Als er einmal, an jenem Mittag, sich zur Ruhe legte, war es endgültig.

Es gibt gelegentlich Menschen, bei denen die Grenzen, die die Natur setzt, aufgehoben scheinen – nicht nur, was den Schlaf betrifft, sondern auch die Reichweite des Gehirns. Er zählte nicht die Sprachen, die seines faßte – klassische, europäische, semitische, Suaheli, Sanskrit, nicht zu erwähnen Keilschrift und Hieroglyphen, die sich ihm entschleierten als Vehikel ihres Sinns und der Geschichte, einander erläuterten, ergänzten, erhellten, bis zu den Wurzeln des erwachsenen Geistes führten, bis zu den verschwimmenden Urbildern. Da-

hinter standen die Götter; und hinter der Schrift Gott; im Zentrum die steinern eingeritzten Zeichen, gültig vom Sinai bis heute.
Darum kreiste sein geheimes Werk, wenn alles schlief. Hier war das Zentrum seiner geistigen Leuchtkraft. Die nächtlichen Einblicke, die einsamen Erkenntnisse waren überwältigend, die Schlußfolgerungen abweichend vom akademisch Kanonisierten, so daß er sie verbarg, beglückt und erschreckt.
Ungewöhnlichkeit kann als schwer tragbares Schicksal erfahren werden, selbst als Schuld, denn die Norm setzt Strafen auf das, was das festgelegte Maß sprengt, nicht als solches institutionalisiert, öffentlich deklariert, punziert, geweiht. So war es vom sozialen Anfang an, vom Medizinmann bis zum Professor.
Er entwand sich meist ungeklärterweise öffentlicher Deklarierung, wenn sie sich anbot, als fürchte er sie, und neutralisierte die Ungewöhnlichkeit in einer vergleichsweise bescheidenen Stellung, als wäre er nur auf diesem Gebiet der Beste; stellte alle Lichter unter diesen Scheffel und ordnete sich ein in einen begrenzten Lebensrahmen. Und wenn durch die abschirmenden Wände dringendes Licht ihn zu verraten drohte, überspielte er es mit einer befremdlichen Clownerie. Am Grunde lag ein mythisch anmutendes Schicksal, das die angeborene Ungewöhnlichkeit auf die äußerste Spitze getrieben und zugleich mit einem Tabu stigmatisiert hatte.
Er erzählte es eines Nachmittags.

Er stammte von einem Gut in Rußland, und in den Wirren von 1917/18 kamen bewaffnete Männer auf den Hof – Petljuraleute oder Tschekisten, aber was spielte es für eine Rolle, unter welchen Vorzeichen es einen traf –, und der Vater flüsterte ihm zu, lauf, sag niemandem, wer du bist, lauf, und so lief der Dreijährige hinaus in die Wälder, versteckte sich, schlief auf Feldern, fand manchmal Unterschlupf bei Bauern, in einem Kloster, lief weiter und sagte nicht, wer er war, wie der Vater es geboten hatte, denn das war das einzige, was von ihm blieb. In einem ostjüdischen Städtchen nahm man ihn schließlich auf, und er lernte im Cheder, und jedes Wort, jeder Text blieb ihm sofort im Gedächtnis haften, und er wurde eine Leuchte, aber eine merkwürdige Leuchte, denn er spielte den Clown, wie Außenseiter es tun: niemand wußte, wer er war, woher er kam. Seinen Vater sah er nie wieder.
Irgendwann war dann das Leben in geregelte Bahnen gekommen – Studium in verschiedenen Ländern, Einwanderung nach Erez Israel, Heirat, Kinder, ein fester Lebensrahmen. Was blieb, war die Fähigkeit, alles sofort im Gedächtnis zu behalten.
In der damaligen Epoche stand als dringlichste Aufgabe, Neueinwanderern, die wirren Schicksalen entkamen, Sinn und Sprache ihrer endlichen Heimat beizubringen. Seine Fähigkeit dafür war unvergleichlich und seine Bereitschaft ohne Maß. Aber die Diskrepanz zwischen dem Ausmaß an Wissen und dem Verströmen von Kräften an vergleichsweise bescheidene Aufgaben

und bürokratische Widrigkeiten war beunruhigend. Man riskierte, daß die unwiederholbare Konstellation von Wissen und Schauen verlorenging. Mußte nicht endlich zusammengefaßt, geformt, aufgeschrieben, veröffentlicht werden? Das Leben ist nicht unendlich.

Merkwürdigerweise war es ein Traum, der ihn aufscheuchte.

Hinter einer riesigen Glasscheibe hatte er eine Art Paradiesgarten gesehen und versucht, die trennende Glasscheibe zu zertrümmern, schlug sich daran die Hände blutig, aber hinter der ersten war eine zweite und dann wieder eine. Da hörte er ein Lachen und bemerkte nun zu seiner Linken eine Öffnung in der Scheibe. Und ging hindurch. Da spannte sich über ihm ein riesiger Nachthimmel, auf dem leuchtend die Sterne zogen. Es war das Universum.

Dieser Traum machte ihm Hieroglyphen-Sinn, und er machte sich an sein Opus, wie er es von da an nannte. Nacht für Nacht saß er nun daran und fand mit Erstaunen, daß es sozusagen fertig in ihm gelegen hatte; der Stoff formte sich wie von selber, flog zusammen, gliederte sich ohne Mühe. Und jetzt erfaßte ihn Eile. Er verhandelte bereits mit einem Verleger über die mehrbändige kompliziert-vielspaltige Ausgabe.

Zu zwei Drittel sei das Opus fertig, sagte er nach einem halben Jahr, es müßte nur noch herunterdiktiert werden. Knapp zwei Wochen später erwies sich lapidar, daß das Leben nicht unendlich ist. Dabei war er noch

ziemlich jung gewesen und bis vor kurzem gesund wie ein Bauer.
Fast früher, als Trauer und Anstand erlaubten, stellte sich die Frage nach dem Manuskript. Aber da war kein Manuskript. Was man fand, waren Zettelkästen mit Tausenden Stichwörtern, Anmerkungen, Andeutungen, aber kein Manuskript. Im Kopf war es fertig gewesen, nur hatte er es nicht diktiert.
Und so zerstob der Schatz, der zu einem vieldimensionalen Rosettastein der Bedeutungen hätte werden können, und wurde wieder Ungewußtes, als hätte es sich nie in diesem Geist konzentriert.
Man rätselte: War es ein fataler biographischer Zufall, der die Verwirklichung vereitelte?
Oder war es ihm ums Leben nicht erlaubt gewesen, mit seinem Opus zu offenbaren, wer er wirklich war? Wer kann seine eigene Hieroglyphe entziffern?
Dabei war sie eigentlich überdeutlich gewesen: der plötzlich sichtbare Durchgang in der Glasscheibe, an der er sich lebenslang blutig geschlagen hatte, als Tor zum Universum. Denn wann enthüllt sich das Universum?

Vergessenes Intermezzo

Ich weiß nicht mehr, was für eine Fernsehsendung es 1963 war, die unterbrochen wurde mit der Meldung von dem Attentat in Dallas und kurz danach abgebrochen mit der Nachricht, daß der Präsident der Vereinigten Staaten seinen Verletzungen erlegen war.

Wie sich erwies, hatte der Mord überall in der Welt Millionen Menschen gleicherweise betroffen, hatte sie jenseits der manipulierenden Politiken in ungekannten Tiefen mit ungekannten Schrecken und Trauer erfüllt, fast wie ein kosmisches Unglück, überpersönlich und dunkel. Welches Urbild hatte er angerührt inmitten unsrer Welt der Scheingefühle, daß er fast mythische Trauer hervorrief, wie um Adonis, um Osiris, wie um einen gemeuchelten Lichtgott durch die Kräfte der Finsternis?

Der immerhin schon fast Fünfzigjährige hatte als Urbild der Jugend bestrickt, als strahlend, obgleich nüchtern, als nahe, obgleich Machthaber einer der beiden Weltmächte. Wieso verband sich mit ihm so übermäßige Erwartung?

Politik mag der Ausdruck sein von objektiven Machtverhältnissen und Interessen, die sich durchsetzen, unbeeinflußt von Weltanschauungen, Philosophien, guten Absichten, Zwischenfällen; aber in den Jahren seines Erscheinens auf der Weltbühne waren in unzusammenhängender Gleichzeitigkeit an den drei ent-

scheidenden Machtzentren der Welt je ein Mann ans Ruder gelangt, der in seinem Bereich neue Horizonte eröffnete; und so hatte sich damals wie von selbst ein Dreigestirn konstelliert, an das sich von allen Seiten freischwebende Hoffnung heftete.
So überraschend für die Welt wie für ihn selbst war aus der Konklave in Rom ein kleiner dicker Bauer als Papst hervorgegangen und saß plötzlich als Johannes der Dreiundzwanzigste auf Petri Thron, erschüttert und erschütternd in kreatürlicher Menschlichkeit, die dem oft unglaubwürdigen Gesicht der katholischen Kirche über Nacht die Liebesausstrahlung der Evangelien verlieh.
In Moskau hatte ein polternder Glatzkopf seinem Land den Lügenschleier heruntergerissen, das böse Kind beim fatalen Namen genannt und sich dem verdutzten Ausland in verschmitzter Widersprüchlichkeit als Gesprächspartner präsentiert. Und man sprach miteinander, freundlich oder grob, aber endlich in der Sprache verbindender Sorge; denn auch der Polterer war dem Widerpart in seiner Besonderheit glaubwürdig, und es kam Hoffnung in die Welt.
Die wurde tödlich getroffen im unglückseligen Dallas.
Und binnen kurzem waren auch die anderen zwei des Dreigestirns vom Schauplatz weggewischt.
Der dreiundzwanzigste Johannes, als man ihm zum erstenmal Papstrobe und Tiara anlegte, hatte vor dem Spiegel gesagt, »Gott hat doch gewußt, daß ich einmal

Papst sein werde – warum hat er mir dieses Aussehen gegeben?« Aber Gott schien gewußt zu haben, daß das bei Johannes keine Rolle spielte. Er blieb sich treu bis zum letzten schmerzvollen Atemzug, als er den Krebs in seinen Eingeweiden als Sühne für den Holocaust ohne Linderungsmittel ertrug.

Der grobschlächtige Glatzkopf, der sein Land tollkühn belehrt hatte, war entmachtet, isoliert und totgeschwiegen auf seine Datscha im Lande verbannt worden. Dort saß er, weinte oft über das, was ihm unversehens geschehen war, sprach viel mit seinen Besuchern aus der ländlichen Umgebung und auch mit ausländischen Journalisten, denn er hatte das Fürchten verlernt. Einem dieser Journalisten ist die Altersgeschichte zu verdanken, die zeigt, daß der einst wüste Apparatschik in seiner Weise rechtens dem kometenhaften Dreigestirn menschlicher Hoffnung zugehört hatte.

Man hatte ihn wegen seiner unbekümmerten Kritik in den Kreml vorgeladen und bedeutet, daß seine ausreichende Pension und die bequeme Datscha eine Gnade und kein Recht wäre. Der Alte verstand die Warnung seines ehemaligen Untergebenen. »Ihr könnt mir die Pension nehmen«, sagte er, »und ihr könnt mich aus der Datscha jagen. Aber wenn ich mit ausgestreckter Hand durchs Land gehen muß, wird man mir etwas geben. Dir, Genosse, wenn du einmal so weit bist, wird man nichts geben.« Man ließ ihn in Ruhe, bis er kurz darauf starb.

So waren binnen kurzer Zeit alle drei weggefegt, als

wäre das Dreigestirn eine Schimäre gewesen, und auf jedem Stuhl der drei Mächte saß nun ein ganz anderer, und auch die einstige trauernde Isis war unter neuem Namen in die Gesellschaftsspalten der Illustrierten geglitten. Die Hoffnung und die Mythe verblaßten als Hirngespinst gegenüber den objektiven Fakten.
Apropos – wie real sind eigentlich objektive Fakten? Wie war das in Dallas?
Dutzende Spezialisten hatten die Route gesichert.
Hunderte Zuschauer standen ringsum.
Der Wagen mit dem bestbewachten Bürger Amerikas war am hellen Tag im Zentrum eines leeren Platzes, als er, genau anvisiert, tödlich getroffen wurde, nur er.
Millionen sahen es im Fernsehen.
Und doch weiß man bis heute nicht, was geschah. Eine Kugel? Zwei Kugeln? Zwei Schützen? War der Mörder, wer er war? Wer spann die Fäden, wer zog sie? Warum? Wurde verschleiert, obgleich gewußt? Wozu? Oder war es grotesk simple Planung mit absurd bösem Glück, das allen Sicherungen ein Schnippchen schlug?
Ob böses Glück, ob Intrige, Sicherheitsversehen oder Osirisschicksal – eine kleine Kopfbewegung hätte sie alle vereitelt.

Vorwelt

Jedesmal auf dem Weg zu dem kleinen Postamt blieb ich vor dem Schaufenster der Tierhandlung stehen. In einem Aquarium saßen auf einem großen flachen Stein im Wasser Scharen von Schildkröten in Miniaturformat, smaragdgrün mit zwei grellroten Streifen hinter den Augen, die winzigen Schwimmfüße und der winzige Kopf wie aus patinierter Bronze; jede war nicht größer als drei Zentimeter, dabei aber so vollständig, als sähe man sie durch ein umgekehrtes Opernglas. Sie saßen auf dem Sonnenstein übereinander, nebeneinander, bildeten einen Turm, während andere unten im Wasser in ihrer winzigen Vollkommenheit herumschossen. Eines Tages ging ich in das Geschäft und kaufte ein Aquarium und ein Dutzend Schildkröten. Was nun auf meiner Fensterbank in Jerusalem stand, war ein Stück Vorwelt, das dort sein Leben führte, parallel zu meinem.

Denn es waren keine gewöhnlichen Schildkröten auf Bonsaiformat reduziert, sondern wie ein Fachmann erklärte, Wasserschildkröten – durch eine Million Jahre unverändertes Glied in der Entwicklungskette, da sich inspirierte Wassertiere aufs Land begaben. Für diese Doppelnatur hatten sich zweierlei Atmungsorgane entwickelt, für Wasser und für Luft; denn sie mußten weiter einen Teil der Zeit unter Wasser verbringen wie die verwunschenen Prinzen im Märchen – aber eben nur einen Teil. Eine der kommenden Tragödien am Fensterbrett war der Tod einer Schildkröte, die sich unter dem Stein verfing, zu ihrer Stunde nicht zum Atmen nach oben konnte und erstickte, den aufgedunsenen Hals jammervoll nach dem anderen Element aus dem smaragdgrünen Panzer gereckt.

Zuerst erschienen sie nur Glieder einer Einheit, ausschließlich den kollektiven Notwendigkeiten folgend, unbezogen aufeinander, außer als Trittbrett, wenn sie sich auf dem großen Stein arrangierten und dann die Hinterfüße bis zum äußersten der Sonne entgegenstreckten. Nachts schliefen sie nach ihrem Gesetz unter Wasser.

Dann fiel eine auf, die sich gelegentlich von den anderen absonderte und auf dem unbevölkerten Stein sitzen blieb und, wenn ich davorsaß, mich unverwandt fixierte. Zuerst dachte ich, daß es ein Zufall war oder eine optische Täuschung, denn die Augen liegen unter vorgewölbten Schädelwülsten; aber wenn ich zur Seite wich, reckte der Sonderling den Kopf mir nach, nach rechts, nach links.

Wasserschildkröten, sagte ein bekannter Hirnforscher, hätten tatsächlich ein unverhältnismäßig hoch entwickeltes Gehirn; aber, fügte er milde lächelnd hinzu, nicht so weit gehend, daß es zu persönlichen Beziehungen befähigte. Der winzige Sonderling jedoch fixierte mich so eindringlich, daß sich atavistische Unheimlichkeit regte: was das sollte? wer das war? daß ich vielleicht für die kleinbleibende Wasserschildkröte Gott war, der manch-

mal sein Gesicht zeigte; und mich übermannte die drükkende Verpflichtung göttlicher Verantwortung.
Man hatte getrocknetes Futter für die Wasserschildkröten verkauft, aber dann erfuhr ich, daß sie eigentlich Fleischfresser waren. So begann es mit den Fleischfetzchen. Dies brachte eine entscheidende Veränderung mit sich. Die Zeit der kollektiven Unschuld war vorbei.
Wie sie danach schnappten; wie lebendig sie auf einmal wurden, und wie verschiedene Charaktere sich zeigten; wie sie versuchten, andere mit einer entschlossenen Bewegung des rechten Schwimmfußes wegzuhalten, während sie unisono an einem Brocken zerrten und mit abgerissenen Fetzchen schnell davonschwammen, vor den Langsameren, Ungeschickten, die oft zu spät dran waren. Den Löwenanteil aber ergatterte einer, der alle überrannte, ihnen selbst Halbverschlucktes aus den Kiefern riß, wenn sie nicht rasch entkamen. Die Vorwelt im Aquarium zeigte sich als Spiegel des unterliegenden Naturprinzips, enthüllte dabei überdeutlich auch unsern Blueprint ohne den löchrigen Zaum von Zivilisation. Und mit unsachlicher Parteinahme fand ich mich besorgt um die kleinbleibende Wasserschildkröte und berührt von ihrer Ausdauer, mit der sie entschlossen, aber mit immer größerer Mühe, den Stein erkletterte, wie die mit Inbrunst der Sonne entgegengestreckten Hinterfüße dünner und dünner wurden, wie sie sich nachts, wenn sie wie alle unter Wasser ging, unter einer vorspringenden Steinzacke postierte; sie war schon zu leicht, sich allein unter Wasser zu halten. Und

eines Tages kam ich dazu, wie der große Wilde lauernd zu dem Stein hinauflugte, wo die Kleine lag, dann plötzlich blitzartig nach ihrem überragenden Bein schnappte und sie herunter ins Wasser zog, als Beute. Die kleine Wasserschildkröte war gestorben.

Ohne zu überlegen, riß ich dem Kannibalen die kleine Leiche aus den Kiefern. Sie war so leicht wie eine hohle Nuß. In der Kuppe meiner Hand lag der Vorweltrest von nur noch wenigen Gramm, das, was die Brücke geschlagen und noch vor kurzem mit Sorge und Achtung erfüllt hatte, und fand mich bestürzt vor einem unverständlichen Vorfall ohne Präzedenz. Schließlich legte ich sie in eine Streichholzschachtel und warf sie in weitem Bogen hinüber in das Feld mit den Olivenbäumen.

Dann machte ich von meinem Gottesprivileg Gebrauch: ich brachte die ganze Gesellschaft zu Adi in die Tierhandlung zurück. Er war erstaunt: er hätte noch nie so entwickelte Wasserschildkröten gesehen, sagte er, allerdings auch nicht so wilde. Und er tauschte sie gegen zehn kleine, hellgrüne aus, frisch aus dem Persischen Golf eingetroffen.

Sie waren reizend. Sie hatten nichts von dem Drama der vorigen, wie sie in einer Reihe hintereinander marschierten, jede den rechten Vorderfuß brüderlich auf den Panzer des Vorgängers gelegt. Sie starben aber, eine nach der andern – bis auf zwei – an einer Schwäche, die anscheinend in der ganzen Brut gesteckt hatte.

Lacht da jemand?

Um Gottes Willen – lacht da jemand?

Schöner Götterfunken

Das Gerücht war schon einige Tage herumgegangen, ein völlig unglaubwürdiges Gerücht, vermutlich eine Zeitungsente, dann aber kam die offizielle Verlautbarung: Morgen wird der ägyptische Präsident Anwar Sadat zu einem Staatsbesuch in Israel erwartet. Und nach fünfundzwanzigjähriger Feindschaft, nach vier Kriegen, die jeder nur mit Waffenstillstand und nie mit einem Friedensschluß endeten, schaltete das israelische Fernsehen auf den hellerleuchteten Flugplatz Lud um, wo an beiden Seiten eines langen roten Teppichs aufgereiht stand, was Rang und Namen im Lande Israel hatte: die Regierung – die jetzige, die vorherige –, alle Minister, die höchsten militärischen Ränge, die Richter des Hohen Gerichts, die Oberrabbiner des Landes und die Vertreter aller anderen Religionen – Muslims, Christen, Drusen –, das diplomatische Korps. Ein Brummen wurde hörbar. In fast unerträglicher Spannung standen alle wie auf einem riesigen Foto, als langsam das weiße Flugzeug mit der Aufschrift *Republic of Egypt* heranrollte, stehenblieb. Die Motoren verstummten. Würden aus dem Flugzeug, einem modernen trojanischen Pferd, ägyptische Kommandos stürzen und mit Maschinengewehren die aufgereihte Elite Israels liquidieren, von israelischen Kommandos ihrerseits bis auf den letzten Mann niedergemacht? Alle Möglichkeiten, jedes Szenario, selbst dieses, war erwogen worden. Da

öffnete sich oben die Kabinentüre, und im hellen Scheinwerferkegel stand in weißer Uniform Anwar el Sadat und salutierte in die reglose Stille, eine zwei fünf Sekunden. Die israelische Militärkapelle intonierte die ägyptische Nationalhymne. In den nächsten Tagen lernte man, wie falsch sie damals gespielt wurde, da keine Noten vorhanden waren und man sie nur vom Hören aus feindlichen Sendern kannte, und so erklang sie wie ein pompöser Trauermarsch statt im schnellen Marschtempo, danach die israelische. Dann kam Bewegung: protokollarische Vorstellung, Begrüßungen, Händeschütteln, steif, unreal, kurzatmig; und schließlich setzte sich die Kavalkade der Autos in Bewegung, rasend durchs dunkle offene Land, durch den Paß in den Judäischen Bergen, hinauf nach Jerusalem.
Niemand wußte, wieso sich plötzlich die Hunderte und Hunderte an den dunklen Rändern der Autostraße eingefunden hatten, herbeigestürzt von ihren Fernsehapparaten, mit Autos, Fahrrädern, zu Fuß aus umliegenden Ortschaften und auch von weiter her – Alte, Junge, Kinder, und in spontan erwachter Begeisterung ihm zuschrien »Schalom Sadat Sadat Salam« – zur Überraschung der Offiziellen und der ungläubigen Ergriffenheit des Gastes, der den tollkühnen Schritt gewagt hatte, trotz Erwartung einer feindlichen Bevölkerung dorten. Schalom Sadat Salam. So begannen die drei Tage des Besuchs von Anwar el Sadat, Präsident von Ägypten, in Jerusalem.
Man wollte ihn möglichst bei keinem seiner Schritte

versäumen, wohin das Fernsehen ihn begleitete – zum Präsidenten, in die Knesset, wo unerwartet bewegte Abgeordnete ihn willkommen hießen, in die El-Aksa-Moschee, wo er mit den anderen Betern muslimisch auf dem Boden kauernd betete, wie sein dunkles Gesicht bekannter und vertrauter wurde und wie es sich freudig entspannte. Ein gegenseitiger, ein unvorhersehbarer *Coup de Foudre*.

Und dann kam das Staatsbankett.

Es war wie eine Szene aus einem Lubitschfilm; mit einem Dialog, der den besten Scriptwriter Hollywoods übertraf, wie der ägyptische Präsident neben der einstigen Gegnerin und Staatschefin von Israel saß. Aber wo hätte man eine Schauspielerin mit der resoluten Grazie der alten Frau mit den von Krampfadern aufgeschwollenen Beinen gefunden, mit der sie »als eine Großmutter zu einem Großvater« aus ihrer großen Handtasche den kleinen goldenen Anhänger für sein eben geborenes Enkelkind fischte, und im Handumdrehen *The Family of Man* Realität wurde, in einer lachenden Freude, die alle überwältigte.

Natürlich war der Besuch in diplomatischen Geheimverhandlungen vorbereitet worden und der Preis dafür ausgehandelt, ein hoher Preis, ein sehr hoher Preis, zugestanden für Frieden in überraschender Weitsicht des damaligen Premierministers.

Nicht vorauszusehen aber war die allgemeine Freude gewesen, die auf einmal herrschte, die alle aus ihren eingefahrenen Rollen gelöst hatte; als wäre die in bibli-

schen Zeiten durch Saras Eifersucht fehlgegangene Halbbruderschaft plötzlich verwirklicht in überwältigender Nähe.
Dann war der Besuch zu Ende. Wieder standen sie aufgereiht am Flugplatz, die Regierung, die Minister, die hohen Richter und Militärs, aber alles war anders. Wie hatte das geschehen können in drei Tagen, wie hatte es überhaupt geschehen können? Die Kabinentür klappte, die Motoren liefen an, das Flugzeug hob sich, stieg höher, wurde kleiner, bis es in der Ferne verschwand.
Am Bildschirm erschien der Ansager, der drei Tage lang den Besuch kommentiert hatte. »Es ist so leer«, sagte er, wie aus einem Traum erwachend. »Wir hatten uns so an ihn gewöhnt...«
Am nächsten Tag war wieder Alltag, mit Lobpreisungen, Vorwürfen, Parteienstreit. Es folgten dem Besuch langausgezogene Friedensregelungen mit vertrackten Klauseln, und was schließlich unter Dach und Fach kam, war von großer politischer Bedeutung.
Der schöne Götterfunken aber – wer erinnert sich an ihn? – war in die Sphäre zurückgekehrt, aus der die großen Träume kommen.

Hierhier

Die Sache mit den Zikaden ist schwierig zu schildern: wie ich für einen haarsträubenden Moment einen Spuk zu sehen meinte, ehe sich rettend naturwissenschaftliches Wissen einstellte – was allerdings, wenn auch auf andere Art, den Vorfall nicht weniger rätselhaft macht. Dann muß man die Örtlichkeit vor Augen haben, die Lage der Wohnung, in der er sich abspielte, mit Süden und Westen und Osten; aber es geht nicht anders.
Die Wohnung im Hochparterre also war nach allen drei Seiten umgeben von Garten, von Rasen und Rosenbeeten um den südlichen Balkon, vor dem Wohnzimmer, zu dem im Sommer die Glastüren tagsüber weit offenstanden. Ihre quadratische Grundfläche war ideal aufgeteilt – der Eingang im Westen direkt in das große Wohnzimmer, jenseits davon im Osten Schlafzimmer, Bad und Toilette – also mit drei Lüftungsrichtungen, was ein unschätzbarer Vorteil ist, wenn im Sommer die Hitze unbeweglich lastet. An diesem Abend saß ich mit meinem Logiergast in intensivem Gespräch im Wohnzimmer. Von draußen kam lautes Zirpen, Wortfetzen von Leuten, die vorübergingen, und manchmal fuhr noch ein Autobus. Es war spät geworden, und ich begann, für die Nacht alle Türen und Fenster zu schließen und im Wohnzimmer das Gastbett herzurichten. Da sah ich am Boden eine riesige schwarze Zikade, die sich, wie aus Eisenblech

geschnitten, von der weißen Wand abhob. Sie stand ganz still.

Wer einmal das Zirpen einer schwarzen Zikade im geschlossenen Raum erlebt hat, versteht, daß ich schnell aus der Küche ein großes Glas holte, in das ich sie einfangen konnte. Mit der Zikade im Zimmer hätte es keine Nachtruhe gegeben. Einmal war ich beim Heimkommen vor meiner Türe gestanden, verblüfft über ein Trommeln drinnen, aber es war eine schwarze Zikade gewesen, die sich eingenistet hatte, ihr Zirpen, von den Wänden zurückgeworfen. Um ganz sicher zu gehen, leerte ich das Glas in die Toilette und ließ die Spülung laufen, aber die Zikade hielt dem Wasserdruck stand. Mit kräftigen Stößen schwamm sie dagegen an, rund und rund in der Muschel.

Die Welt ist ja für unsre Bedürfnisse da; also holte ich den Kanister mit Insektentod und spritzte davon einzwei-dreimal in die Muschel, bis die Zikade erlahmte und schließlich erstarrt, geschrumpft, mit dem Rücken auf dem Wasser trieb, wie ein Korken, zu leicht, um heruntergespült zu werden. Mit einer Haarklammer fischte ich sie heraus und warf sie durch die Eingangstüre auf der anderen Seite hinaus in den Garten.

Das Haus verwahrt, auch innerhalb der Wohnung die Türen geschlossen, begab man sich zur Ruhe.

Morgens gegen fünf – es war noch dunkel – ging ich auf die Toilette, blieb dort wie angewurzelt stehen: in der Klosettmuschel schwamm mit kräftigen Stößen die Zikade. Primitiver Schauder: sie ist wieder lebendig, sie ist zurückgekommen von der anderen Seite durch alle geschlossenen Türen, ein Geist, ein Spuk. Ich starrte auf die Zikade, die gegen jede Realität lebendig in der Klosettschüssel schwamm.

Dann aber nahm ich mich zusammen: natürlich konnte es nicht die tote Zikade sein, tot ist tot, nur eine andere, auf der Spur der gestrigen. Es war ja bekannt, daß Insekten untereinander uns verschlossene Kommunikationsweisen haben, daß zum Beispiel eine pfadfindende Biene per Tanz dem Schwarm den Weg zu einer nektarträchtigen Wiese anzeigte und daß der Duft eines Schmetterlingsweibchens über Kilometer Schwärme von Bewerbern heranzog. Warum sollte dann nicht eine Zikade in Todesgefahr morsen können *Hierhier* und andere sich auf den Weg zu ihr machen?

Aber warum nur eine, nur eine einzige? Und auf was für einen Weg? Ums Haus? Dann eine Hausmauer entlang? Dann die Mauer hinauf? Hoch oben hatte sie bei allen geschlossenen Türen und Fenstern die einzige Öffnung gefunden, die jetzt auch ich sah, die Lüftungsklappe hoch über der Klosettmuschel, dem *Hierhier* nach – Sherlock Holmes, Poirot – und dann direkt hinein in die Todesfalle, aus der das letzte *Hierhier* gekommen war, bevor es verstummte. War es also nicht einfach eine andere Zikade, sondern *die* andere? Durch Feuer und Wasser, bis in den Tod. Plato. Die beiden Hälften. *Hierhier.* Im Grundmuster angelegt, gegen das Chaos.

Was geschehen war, war geschehen und war nicht ungeschehen zu machen. Es war nur zu vollenden. Der Kanister stand noch vom Vorabend da. Ich spritzte ein-zwei-dreimal auf die Zikade in der Muschel, bis sie erlahmte und schließlich wie die erste steif und tot auf dem Wasser trieb. Ich holte sie heraus und warf sie, die Zikaden-Isolde, sanft in den aufdämmernden Garten der ersten nach.

Begegnung am Toten Meer

Es mußte mit ziemlicher Wucht geschehen sein, daß wir ineinandergerannt waren; das heißt: seltsamerweise erinnerte ich mich nicht an den Moment des Aufeinanderprallens und fühlte nichts von dem Schock, als wir uns voneinander lösten, als hätte der vorangegangene Zusammenstoß uns engstens miteinander verschachtelt.

Wie allerdings ein solches Zusammenrennen bei hellem Sonnenlicht – bei übergrellem, das in der Mittagsstunde vom wolkenlosen Himmel kommend sich in den kahlsten, nacktesten Bergen der Welt gleißend verstärkt und am Salzmeer nochmals zurückspiegelt –, wie das bei solchem Licht hatte passieren können, erschien fast unbegreiflich. Allerdings war ich das Ufer des Toten Meeres ganz in Gedanken entlanggetrottet – wenn man es Gedanken nennen kann, dieses Einssein mit der Hitze und der flirrenden Helligkeit, entlang den grellen Sandsteinbergen, in die die zahlreichen Höhlen hineingefressen sind wie Karies. In irgendeiner dieser Höhlen hatte man vor ein paar Jahren die Rollen von Qumran gefunden, die Bibliothek, die Lehre und die Lebensordnung der jüdischen Sekte, die ihr Leben in diese Öde verlegt hatte; und die, als ihre physische Ausrottung drohte, die Rollen aus Pergament, aus Kupfer, hier verwahrt hatte in tönernen Urnen. Wir in unserer Zeit erwiesen uns als die visionär geplanten Adressaten der

Botschaft, die uns aus einer der hundert Höhlen erreichte, wenn auch auf verschlungenen und vertrackten Wegen, genau im Moment der staatlichen Wiedererneuerung nach fast zweitausend Jahren.

Im Gehen war ich also ergriffen worden von dem, was vermutlich damals die Brüderschaft diesen Platz am Toten Meer hatte wählen lassen, zu dem sie bis aus Jerusalem kamen, manche auch von weiter her, selbst bis aus Galiläa; von der konzentrierten Spannung, von der nichts ablenkt, von der Erwartung, die in dem gleißenden Licht zu brüten scheint: hier geschieht. Einst. Vor unendlich langer Zeit, die gewesen ist, in unendlich langer Zeit, die sein wird. In diesem Moment muß der Zusammenprall stattgefunden haben.

Endlich hatten wir wieder zu uns gefunden, und ich wollte mit ein paar verlegenen Worten den peinlichen Vorfall in den Alltag holen und schaute zum ersten Mal auf die Person, mit der ich in so rüde Berührung gekommen war. Die gewandten Worte blieben mir im Halse stecken: Er war ein Bekannter. Ein sehr naher Bekannter sogar, nur wußte ich im Moment nicht, wer. Carl? War es Carl, den ich seit meiner Jugend nicht mehr gesehen hatte, da der große Schatten eines Dämons auf ihn gefallen war? Aber Carl konnte es nicht sein. Carl mußte heute über sechzig Jahre sein, und mein Gegenüber war viel jünger. Außerdem war ich jetzt fast sicher, daß es Henryk war, und begriff in ebendiesem abwegigen Moment, wieso Henryk mir so unerklärlich bekannt erschienen war, als ich ihn vor

zehn Jahren getroffen hatte. Damals hatte ich nicht bemerkt, wie ähnlich er Carl in gewisser Weise war. Noch immer wortlos, schaute ich mein Gegenüber an. Carl? Henryk? Er war keiner von beiden, sondern Karl-Heinz, von dem so unverständliche Faszination ausgegangen war, daß nur ein Zufall – glaubte ich nachher – mich vor dem Ertrinken bewahrt hatte. Warum hatte ich damals nicht – wie jetzt blitzartig – die Ironie des Schicksals erkannt, das einen Karl-Heinz in den Weg stellte und mit diesem aus Carl und Henryk banal kombinierten Namen den Schlüssel zu der unerklärlichen Faszination anbot? Aber wie kam Karl-Heinz hierher ans Tote Meer? Es war absurd.
Aber wenn nicht Karl-Heinz, wenn nicht Carl und nicht Henryk – wer war mein Gegenüber, der an jeden bis zur Gewißheit gemahnte und keiner von ihnen war?
Es gibt, begriff ich plötzlich, unmeßbare Proportionen, einen Zug um die Mundwinkel, eine Haltung der Schultern, eine Farbkombination oder was es sonst sein mag, das immer wieder neu berührt und sich nie erschöpft, auch nicht beim tausendsten Mal; wie Wegweiser, die einen Ort anzeigen, und ihr Gemeinsames ist der Pfeil dorthin.
Mein Gegenüber, wie ich ihn anschaute, schien urlange bekannt, doch trotz aller Bemühung konnte ich mich nicht erinnern, wer er war – gleichzeitig näher als nah und fremder als fremd. Dabei schien die Erinnerung ganz nahe wie ein Wort, das man auf der Zunge hat und das einem quälend nicht einfällt.

Noch war kein Wort gefallen. Es war vollkommen still. Am Toten Meer gibt es selten Wind, da es weit unter dem Meeresspiegel liegt, am tiefsten Punkt der Erde. Und selbst, gäbe es Wind, so würde er kein Blatt und keinen Halm bewegen – außer in der Oase –, denn an diesem versalzenen Ort wächst weder Halm noch Blatt. Es war vermutlich zu weit hin bis zu den Salpeterraffinerien im Süden, oder die Maschinen standen am Schabbat, und so herrschten an diesem Augustmittag unverändert Hitze und Licht in äußerster Spannung wie seit den Tausenden Jahren, da sich das Meer zurückgezogen hatte.

Der unerhört Bekannte betrachtete mich intensiv und völlig ungeniert, als suchte auch er sich zu erinnern. Da hörte ich mich sagen »Mi ata«. Das ist Hebräisch und heißt »Wer sind Sie« respektive »Wer bist Du«. Im Hebräischen gibt es keinen Unterschied zwischen Du und Sie, da es aus einer Zeit stammt, da es keinen gab.

Warum ich auf hebräisch fragte, von dem ich kaum die notwendigsten Brocken kannte, weiß ich nicht. Kurz vorher hatte ich angefangen, es zu lernen, aber bald wieder aufgehört. Denn es war so verschieden von allen europäischen Sprachen – nicht nur von den mir bekannten –, anders nicht nur in der Grammatik, sondern im Geist, im Wurzelwerk von Bedeutungen, von den tausend unbekannten Quellgründen, die in einem Wort verschmelzen zu vorher verschlossener Sicht. Wie eine Ursprache. Da hatte ich nach dem ersten Beginnen damit aufgehört; denn, so verstand ich, mehr als ihren

Geist ahnen konnte ich in diesem relativ späten Stadium nicht, wo soviel Leben in anderen Sprachen vor sich gegangen war. Und nun fragte ich »Mi ata« – »Wer sind Sie« in Hebräisch, das ich nicht konnte. Es geschah sicherlich nicht aus Höflichkeit gegenüber dem Lande – da hätte Englisch genügt – oder weil ich mein Gegenüber für einen hier Geborenen hielt. Das war er deutlich nicht. Außerdem, wie hätte er so nahe und altbekannt sein können, wo ich erst seit kurzer Zeit hier zu Besuch war. Es war also unsinnig, auf hebräisch zu fragen »Wer sind Sie« oder »Wer bist Du«.
Viel früher und völlig zur Unzeit war einmal die Aufforderung zum Hebräischen an mich ergangen. Schelmisch werbend hatte der Schriftsteller gelispelt: »Hebräisch sprechen doch die Engel – Hebräisch spricht der liebe Gott«, als handle es sich um Putten und einen alten Herrn. Ich konnte doch damals nicht ahnen, daß eherne Botschaften läppisch ausgerichtet werden können, daß es um die Verständigung mit diesem nahen Unbekannten ging, mit dem ich drei Jahrzehnte später zusammenstoßen sollte in der grellen Mittagssonne am Toten Meer. Nun war sie am Platz, die Sprache.
Denn fast gleichzeitig mit mir hatte auch er zum ersten Mal gesprochen, und er sagte »Ani makir otach«, was heißt »Ich kenne Sie« respektive »Ich kenne Dich« – verwundert und nachdenklich. Er sagte es auf hebräisch.
Ich verstand es, und vermutlich ging alles Folgende auf hebräisch vor sich oder was sonst die Sprache war,

wenn es auch im nachhinein fragwürdig und rätselhaft erscheint und darum die Begegnung nur unvollkommen wiederzugeben ist, nur äußere Konturen in der Erinnerung blieben, denen der innere Zusammenhalt fehlt.

»Ani makir otach« hatte er gesagt, »Ich kenne Sie«. Es war also keine Täuschung, daß wir uns schon begegnet waren. Ich war, wurde mir bewußt, überdeutlich zu erkennen in dem unbarmherzigen Licht des Augustmittags am Toten Meer. Jede Falte war sichtbar, noch vertieft durch Hitze und Trockenheit, ungemildert von Kosmetik. Nicht einmal Lippenstift hatte ich benutzt. Alles war schonungslos sichtbar, jede vergrößerte Pore, jede Linie, die das Richtige, das Falsche, das Versagte und Erfüllte in meinem Leben geprägt hatte. Ich war, wie Camus schrieb, verantwortlich für mein Gesicht. Es ging nicht um die Zahl der Jahre, es ging um die Summe.

Mein Gegenüber schaute prüfend, wieder schweigend, gewissermaßen nach außen und innen gleichzeitig. Wie ich diesen Blick kannte. Kannte ich ihn?

Er war so alt wie Carl, wie Henryk, wie Karl-Heinz gewesen waren, jeder in seinem Alter, als ich, viel jünger, viel älter, getroffen wurde von dem, was jetzt als Essenz vor mir stand. Ein Schmerz stieg auf, der das Mark aus den Knochen zu saugen schien oder das Kalzium, ein Schmerz, zu dem ich nicht mehr fähig zu sein geglaubt hatte, da ich vernünftig das Leben angenommen hatte, wie es gewesen war. Da gegenüber aber stand etwas,

das alles Vernünftige sinnlos werden ließ. Warum, das ahnte ich nur, ahnte es aber auf hebräisch; darum kann ich heute nur unzusammenhängende Stücke erinnern: eine *jeune fille*, und er hatte verfrüht schon den schwarz-weiß melierten Kopf eines Piraten, der so unerträglich zärtlich geliebte Blonde, den ich, soviel älter, berge in meinem weiten, weiten Mantel, und er führt mich bei Glatteis über die gefrorene Straße, und ich lasse mich an der Hand nehmen von dem Unbekannten, so nahe Bekannten mit den unwägbaren Harmonien, vor ihm hergehend in der Nacht über Wiesen, seine mächtigen Hände schützend auf meinen Schultern, an meinem Hals in Passion, warum nicht so sterben, in Verzweiflung, weil da eine andere ist, weil da ein anderer ist, als wir uns aus den Augen verloren – verlassen, aber nie vergessen, wie Eisen und Magnet sich nie vergessen können, wenn selbst der Feind urplötzlich nur DuDu sagen kann über alles Tödliche hinweg, da er mir weggenommen wird in ewiger Trennung, miteinander sterbend, füreinander sterbend, selig miteinander Uralte, mein Zwillingsbruder im königlichen Inzest, immer wieder einander im Blick durch alle Gestaltungen fremder als fremd und näher als nah – hatte ich denn nur geträumt, wenn ich den Wegweisern begegnet war und verblaßte und schwand wie die *Cheshire cat*, bis der Blick mich wieder erweckte?
Aber wider jede Vernunft und Erwartung stand er jetzt mir gegenüber und schaute mich an mit dem Blick, der das geheime Leben in mir anrührt, schaute prüfend,

zweifelnd; und ich merkte mit Erschrecken: Er sah mich nicht, nicht mich. Oder war ich es, mit den Schlangenhaaren, in zeternder Eifersucht, graue Maus, eine blaßblaue Madonna, eine weißglühende Lilith, verführend und fallenlassend, daß er zerschellt wie Glas, so zerbrechlich, so unwiderstehlich, daß er alles bekommt, bevor er nur verlangt, und weitergeht und, angerührt in der Tiefe, es nicht zu benennen weiß zwischen wortloser Ahnung und unbegreiflichem Hunger wonach wonach wonach...

Die rasenden Veränderungen, durch die ich jagte, durch die ich getrieben wurde – war ich es, oder waren es seine Phantasien, Befürchtungen, Erfahrungen und ich nur eine, seine Spiegelung? Wer war Wirklichkeit? Wer träumte wen?

Plötzlich endete der wirbelnde Spuk. Es war reglose Stille, und ich sah ihn in überdeutlichen Umrissen herausgehoben aus den umgebenden Dimensionen und wußte, er sah mich, unauswechselbar mich, als er wie erlöst sagte »Sofsof«, was heißt »Endlich«, und ich fast gleichzeitig gesagt hatte »Ejnsof«, was heißt »Unendlich«; und es war – wie kann ich es ausdrücken –, es war dasselbe. Endlich und unendlich in eins, in jener Sprache von selbst verständlich, aber sonst unmöglich, weil Ereignisse in nicht aufeinander bezogenen Systemen keine Gleichzeitigkeit haben können und keinen gemeinsamen Ort.

Hier aber war das Monströse geschehen: als Essenz und Essenz einander erkannten, war die Zeit außer

Kraft gesetzt – für einen Moment ohne meßbare Dauer waren alle Zeiten in einem Punkt, einem zeitlosen und raumlosen Punkt; sozusagen einer Ewigkeit *en miniature*.

Dann wurde seine Überdeutlichkeit vieldimensional, und er verschwand plötzlich, schneller als plötzlich – ein Vorgang so mächtig, daß er den eigentlich untragbaren Schmerz hier wie dort anästhesierte.

Was war das hebräische Wort gewesen, endlich und unendlich in eins?

Und wann war dann jetzt? Ich schaute auf meine Uhr, doch das Paradox schien selbst für Quarz zuviel. Die Uhr stand.

Ein Paar in mittleren Jahren kam mir entgegen, hielt an, sie fragten etwas, aber ich konnte nur bedauernd mit den Achseln zucken, denn sie fragten auf hebräisch, und ich verstand sie nicht.

Das Tote Meer war geschrumpft. Während der vergangenen Jahre hatten seine Wasser an den Rändern Meter um Meter Meerboden freigegeben, der nun weiß glitzerte von trockenen Salzbänken. Die frühere Öde des Ufers wurde jetzt unterbrochen von hohen weißen Hotels, noch eins und noch eins und noch eins, und von sorgsam bewässerten Palmen und Blumenbeeten ringsum, und der ehemalige Trampelpfad war zu einer Autostraße ausgebaut. Nur noch die brütende Mittagshitze war die gleiche und der seidenblaue Himmel.

Der Autobus von Arad herunter war voll gewesen mit

einer Gruppe amerikanischer Touristen, die sich unter Verzicht auf Eitelkeit das landesübliche Leinenhütchen der Pioniere auf die urbanen Köpfe gestülpt hatten und die gelegentlichen Beduinen in der Steinwüste freudig Schalom, Schalom zuriefen. Deutlich nicht der amerikanischen Gruppe zugehörig, blicklos für die Umgebung drinnen wie draußen und unberührt vom Pop aus dem Radio wie von dem Tempo, mit dem der Chauffeur lässig den Autobus um die abschüssigen Kurven jagte, hatten zwei bärtige Männer in schwarzen Anzügen und Hüten hinter mir gesessen, vertieft in hitzige Disputation – soweit ich verstand: über die Erneuerung des Tempelopfers, wenn es soweit sein würde. Seit ich Hebräisch kann, verstehe ich mehr vom Jiddischen, weil darin viele hebräische Wörter eingeschmolzen sind.

Denn wider Erwarten hatte ich nach mehr als einem halben Menschenalter doch Hebräisch gelernt, trotz des schelmischen Lisplers aus vergangenen Prager Tagen. Ich spreche es im Alltag fließend und bin nicht mehr als Neuling zu erkennen.

Aber die relative Meisterung der Sprache war zu einer Enttäuschung geworden; wenn sie auch ähnlich klang, erwies sie sich nicht als die Sprache damals vom Toten Meer, in der die Wörter in eins benannten und bewirkten und ihre Bedeutung nicht auseinanderklaffte, die ungeahnte Dimensionen aufriß und sie in Gleichzeitigkeit umfaßte. Eine Schimäre hatte mich insgeheim in die Leistung gefoppt.

Ich gehe, die großen Hotels weit im Rücken hinter mir lassend, am Rande der Autostraße entlang, vorsichtig gegen die Fahrtrichtung, denn die Autos rasen im Hundert-Kilometer-Tempo vorbei. Die Sonne steht im Zenit und brennt gleißend herunter, und die nackten Berge, ihrer Botschaft entledigt, leuchten grell in dem flimmernden Licht, als das entgegenkommende Auto etwas aus seiner Fahrbahn schwenkt –

Die Trommel

Damals, nach dem Zweiten Weltkrieg, nannte man sie noch Neger, was heute eine beleidigende Bezeichnung ist, und sie im Unterschied von den Weißen die Schwarzen genannt werden. Damals also war ein afrikanisches Negerballett angekündigt, das 1946 oder '47 nach London kam, um in einem Avantgardetheater am Shepherd's Bush zu gastieren. Es wurde mit viel Interesse erwartet, denn außer als Soldaten der amerikanischen Armee waren Schwarze in England noch eine Seltenheit. Heute ist Londons Notting Hill Gate und Brixton kaum anders als Harlem in New York.

Für die einzige Rolle eines Weißen im zweiten Teil des Programms war ein kanadischer Tänzer engagiert, ein Freund von Bekannten, der mir zur Premiere eine Karte geschickt hatte.

Das kleine Theater war bis auf den letzten Platz gefüllt. Der erste Teil bestand aus den mit Spannung erwarteten afrikanischen Stammestänzen, einschüchternd in ihrer ritualisierten Wildheit und den ursprünglichen Tönen, fremd, ganz fremd.

Dann herrschte gespannte Dunkelheit, auf der Bühne wie im Zuschauerraum, als in die Stille eine Trommel begann, zuerst kaum hörbar, in atonal schattierenden

Schwingungen allmählich sich steigernd zu unerfahrener Intensität, sich mit dem eigenen Blutschlag mischte, bis die Grenze zwischen außen und innen schwand, verlorenging und nur noch die Trommel war, unmöglich, sich dagegen zu halten – bis sie einen schließlich mit einem kurzen leisen Schlag entließ, und man nur mühsam zur eigenen Identität zurückfand. Manche Leute verließen fluchtartig das Theater.

Nach der Vorstellung – der zweite Teil hatte im hinreißenden Wirbel der karibischen Gruppe bestanden, Karneval, Festzug, mit Rasseln und Singen – die weiße Welt nur karikiert dargestellt von Alain im Khaki-Tropenanzug – rissen nun das Publikum mit in die Rhythmen – nach der Vorstellung also wartete ich im Foyer auf Alain.

Im Hintergrund standen ein paar Ebenholz-Schwarze in großkarierten Anzügen und mit breitkrempigen Hüten, eindeutig Mitglieder der Truppe. Von den anderen mit Spannung beobachtet, kam einer von ihnen zögernd auf mich zu und fragte schüchtern, wie die Vorstellung dem Publikum gefallen hätte? Es war ihre erste in England, verstand ich, und der sichtlich große Erfolg, von mir bestätigt, wurde mit großer Genugtuung aufgenommen. Vor allem aber war es die Musik, fügte ich, ungefragt, hinzu, vor allem die Trommel, über alles die Trommel. Da leuchtete das weiße Gebiß in dem schwarzen Gesicht auf: es sei seine, alles seine Musik, er sei Ambrose, der Anführer und die da hinten – er winkte sie heran – das seien seine Musiker, aber er, Ambrose, nur er spiele die Trommel, mit zwei Fingern spiele nur er seine Musik auf der Stammestrommel der Yoruba. Da kam Alain, und ich verabschiedete mich.

Ein paar Tage später läutete mein Telefon, und ich erkannte sofort die heisere Stimme von Ambrose. Er hätte Alain um meine Nummer gebeten, denn er müßte mich etwas fragen, es sei sehr sehr wichtig. Ich war erstaunt, aber natürlich bereit.

Wir trafen uns gegen Mittag am Westbourne Grove und gingen im leichten Londoner Nebelregen langsam auf Lyons Cornerhouse zu, kamen aber nicht bis dorthin, denn wir waren an einem Zaun stehengeblieben, da Ambrose seine Frage stellte: Sei es wahr, daß die Weißen Musik aufschreiben könnten wie Wörter und man sie dann immer wieder spielen könnte, immer wieder dieselbe und genauso – sogar wenn man sie vorher nie gehört hätte? War das wahr?
Ja, sagte ich, es gibt für jeden Ton so etwas wie einen Buchstaben, den nennt man NOTE, und ein Zeichen dafür, ob er kurz oder lang sein soll oder hoch oder tief oder laut oder zart oder nur leise. Und, fragte er gespannt weiter, gibt es hier auch so verschiedene Musiken wie in Afrika? Da ist eine nur für den Morgen und eine lange für den Abend und eine extra für die Alten und eine, da muß man weinen, auch wenn man nicht traurig ist, und eine nur zum Singen und noch viele an-

dere. Ja, sagte ich, hier gibt es welche für viele Instrumente, die nennt man Symphonien, und welche nur für eines, Sonaten, und welche zum Tanzen oder für viele zum Singen, und auch noch viele mehr.
Langsam verlor Ambrose die Scheu, erzählte: schon als Kind hätte er gewußt, daß er nur ein Musiker werden könnte, und der Medizinmann im Kral, den die Mutter befragte, hätte aus Zeichen gedeutet, daß er nichts anderes werden würde, und so durfte er den Vater begleiten, wenn der – anscheinend ein Würdenträger seines Stammes der Yoruba – überall mit Musik empfangen wurde, immer mit der Musik der anderen Krals; und so hätte er, Ambrose, die ganze Musik Afrikas hier drinnen – er legte die rechte Hand weitgefächert auf seine Brust. Es sei eine große Musik. Die Frage, die er zu fragen hätte: könnte jemand auch seine Musik aufschreiben.
Ich fühlte, wie sich mir eine Frage zuschob, die weit meine Kompetenz überschritt, begriff aber gleichzeitig ihre Tragweite weit über das Praktische hinaus.
Die Schrift, begann ich zögernd und suchte nach den richtigen Worten, sei eine Schrift für die weiße Musik, und ein weißer Musiker könnte nur aufschreiben, was er hört, und er kann nicht alles hören, was in Ambroses Musik drin ist, und so würde es nicht richtig werden. Wer weiß, ob man die überhaupt aufschreiben kann. Vielleicht, vielleicht könnte er, Ambrose, es selber machen, wenn er die Schrift lernt … – Ich schwieg, etwas hilflos, aber mit dem Gefühl, meine zwiespältige Wahrheit gesagt zu haben.

Ambrose hatte schweigend zugehört, das Ebenholzgesicht unbeweglich. So standen wir eine Weile. Dann sagte er: »Drei Jahre bin ich in der Handelsmarine herumgefahren und habe nicht gewußt, wen die Frage zu fragen. Dann habe ich dich im Theater gesehen und gewußt, hier bekomme ich die Antwort.« Pause. Dann: »Es ist noch alles sehr verwirrt, aber hier drinnen haben ich sie« – wieder die Hand auf der Brust. Ich wußte nicht, welche Antwort es war. Ich bat eine große Musikerin, einfühlsame Lehrerin vieler Pianisten der Meisterklasse, Ambrose in die Notenschrift einzuweihen.
Er hätte überraschend schnell Dinge wie Dur, Moll, Oktave, Takt begriffen, sagte sie, aber sie sei seiner Musik nicht gewachsen: drei vier fünf Rhythmen gleichzeitig – Fuß Hände Schulter Kopf – abwechselnd, gleichzeitig … Sie gäbe es auf.
Damit war meine Rolle – wenn auch notwendigerweise ergebnislos – beendet.

Ich hörte noch einmal von Ambrose. Er rief an, nach einem Gastspiel in Edinburgh. Ihr Erfolg, wußte ich, war auch dort sensationell gewesen; nun gingen sie auf Tournee nach Europa. »Und was ist mit der Notenschrift?« fragte ich. Ambrose antwortete ausweichend. Vielleicht würde er einmal einen jüngeren Bruder schikken, sie zu lernen. Ich fragte nicht weiter: Ob Furcht vor dem Wagnis, den eigenen Boden zu verlieren, oder was sonst es war bei Ambrose – es war nicht mehr meine Sache.

Es entstand eine Pause, und ich wollte schon das Gespräch beenden, da hörte ich ihn sagen: »Du bist mir so nahe, als hätte ich dich schon immer gekannt...« Ich dachte, daß ich vielleicht nicht richtig verstanden hätte, da sagte er langsam weiter: »...als wärst du meine Schwester, immer schon, aufgewachsen mit mir im Kral...«

Mir stockte der Atem. Unbegreifliche Dimensionen von Zeit und Raum und Sein taten sich auf. »Ach, du warst in vorgelebten Zeiten meine Schwester oder meine Frau«, erinnerte er sich. In Weimar. »Meine Schwester, mit mir aufgewachsen.« Im Kral. Im Universum. Zu Hause. Ich stammelte hilflos: »...Ambrose, alles Gute dir – und deiner Musik – und Afrika – alles Gute, Goodbye, Ambrose...«, konnte noch einen Moment lang das Schweigen auf der anderen Seite hören, dann langsam das Telefonat beschließen, in tiefer Verwunderung.

Zurück in unserer weißen Welt aber dachte ich, vielleicht war das einfach eine Höflichkeitsphrase der Yoruba gewesen, entsprechend dem englischen »it was nice to have met you«.
Was weiß man denn.

Tode. I

Inkubus

Gegen Ende seines Romans UNSTERBLICHKEIT bemerkt Kundera, daß einen von den Toden, die einem im Leben begegnen, eigentlich nur sehr wenige wirklich erschüttern, zwei oder drei. Meine fielen mir fast ohne Nachdenken ein und dann noch einer, der allerdings nicht verifizierbar ist und es vermutlich auch nie sein wird. Aber mir bleibt dafür, daß urplötzlich in Jerusalem für zwei Monate BOG mich besetzte wie ein Inkubus, keine andere Erklärung als die Lebensbilanz beim Sterben. Das angeborene Loch in seinem Herzen, dachte ich, so lange hat es noch durchgehalten während unserer Vergessenheit. Wir hatten seit fünfundzwanzig Jahren nicht mehr füreinander existiert, hatten einander gelöscht. Die Wasser waren viel zu tief gewesen. Und dann war BOG plötzlich präsent, und die umgebende Realität wurde flach, flüchtig, mechanisch erledigt, während jeder Moment jener Zeit wieder ablief, unverändert wie ein Ritual geladen mit unwiderstehlicher Energie, und jedes Wort von damals war wie eingemeißelt in schwarzem Lavastein zwei Monate lang, als ob sich der uneingelöste Scheck, die unlösbare Rechnung präsentierte als Zentrum des schwindenden Lebens. Dann war die Realität wieder da, regulär wie immer und ich in ihr wie vorher – die unwiderstehliche Energie abgezogen, abgeschaltet, abgebrochen und die eingemeißelten Worte wieder nur Wörter wie andere aus der Lebensgeschichte und ich wieder ruhig, so sehr ruhig.

Tode. II

Es ist mir leid um dich, mein Bruder Jonathan
(Samuel 2,15)

Wie die Nacht verging, als Alan, aus London in Jerusalem zu Besuch, mir den Katalog von Jakobs letzter Ausstellung brachte und sagte, Jakob sei vor kurzem gestorben – wie die Nacht danach verging, daran erinnere ich mich nicht. Ich erinnere mich nur, daß mir am nächsten Morgen beim Aufwachen die Tränen unaufhörlich aus den Augen liefen, aus den offenen Augen, ohne daß ich gleich wußte, warum. Dem Finanzplaner, mit dem ich um zehn Uhr eine Besprechung hatte, sagte ich, er solle sich nicht darum kümmern, sie hätten nichts mit unserem Geschäft zu tun, als ich ihm ruhig vorrechnete, daß sein komplizierter Zahlungsplan für die Retraite keinesfalls, wie er behauptete, ›non-profit‹ sei; was er schließlich achselzuckend zugab, während er wirklich nicht von den Tränen Notiz nahm, die unaufhörlich liefen, aus offenen Augen. Jakob war tot.
So war endgültig geworden, was ich damals vor vielen Jahren gesagt hatte – ›wir werden uns nicht wiedersehen‹ – bei meinem Abschiedsbesuch, als ich London verließ.
Die geographische Trennung hatte damit nichts zu tun, weder damals noch in den kommenden Jahren, wo die Flüge immer kürzer wurden; und das ›Nichtwiedersehen‹ war auch keine Vorahnung gewesen: es war das

leichte Zögern in Jakobs Antwort gewesen, nachdem wir beide die vergifteten Worte gehört hatten, als ich fragte ›...und was denkst du, Jakob?‹, das Zögern und dann das verlegene ›... man weiß doch nicht ...‹. Damit war etwas Furchtbares geschehen zwischen uns zwei Lebensfreunden, wovon es kein Zurück gab.
Wir waren vor Jahren zusammengetroffen, Jakob und ich, auf einem Atelierfest; als er am späteren Abend erschien, mit seinem Malerfreund Evžen, beide direkt von der Vernissage ihrer gemeinsamen Ausstellung, beide rötlich-blond und nicht zu groß, beide aus der Slowakei, doch grundverschieden im Temperament, wie auch jeder in seiner bedeutsamen Malerei, und wir, Jakob und ich, aufeinander zugingen wie zwei-eiige Zwillinge und Freunde waren von da an, die miteinander lange Gespräche führten über sonst nicht Besprochenes, Kreatives, die sich einige Male in der Woche mit anderen Freunden im Café Juliš trafen; von dem ich, wenn nötig und ohne viel Worte, gelegentlich zwanzig oder fünfzig Kronen annahm, wenn er von seinem Mäzen Geld bekommen hatte; mir selbstverständlich, daß Jakob für mich ein nächster Freund war, der von sich aus erstaunlich viel über mich und davon wußte, was sonst in meinem Leben vor sich ging, was er gelegentlich in einer kurzen Bemerkung wissen ließ, ohne Kommentar und auch keinen erwartend – eine Vorerscheinung von MALINA. Er sprach langsam, mit unerwartet konturierten Ausdrücken, einer Mischung von objektiv, naiv und weise und erweckte ringsum respektvolle Zuneigung.

Sein Künstlerkamerad Evžen mochte diese Kreise nicht, kam kaum dazu, brachte nie seine tschechische Freundin Anička mit. Von Jakob wußte ich die Bedeutung des glatten Goldreifens an Evžens linkem Ringfinger. Mit solchen zeichnete die charismatische Milena – heute eine Kultfigur der Kafka-Historie – ihre jugendlichen Freunde.

Überraschend – das einzige Mal – kam Evžen zu mir auf die Kleinseite, um einen leidenschaftlichen und wütenden Vorwurf zu machen: ich isoliere Jakob. Weil wir allgemein als ein Paar betrachtet würden, wage sich keine Frau an ihn heran; und schlagartig begriff ich, daß Evžen recht hatte; war geschockt, mir nie Gedanken gemacht zu haben über Jakobs Leben jenseits unserer Freundschaft, die außerhalb erschien, so kostbar wie exklusiv.

Im Sommer 1938 flog ich – mit der ersten Flugroute nonstop über Deutschland hinweg – zu meinen Schwestern nach Paris, kehrte im September entschlossen nach Prag zurück, trotz der warnenden, ach schon wissenden Stimmen, die Tschechoslowakei sei ›ein verlorenes Land‹; in die beginnende Krise, die vorerst im Abkommen von München gipfelte. Ich habe es in den folgenden Abläufen und ihren Gefahren nie bereut, ihr betroffener Zeuge sein zu können.

Im Interregnum bis zur Besetzung von Prag schien besonders das Schicksal von Emigranten gefährdet; weiteres ahnte man damals noch nicht. Jakob kam eines Tages und sagte kurz: ›Wir heiraten, und du gehst zu

meinen Eltern in die Slowakei, wo es sicherer schien als in Prag.
Nun war offen zu klären, daß ein nächster Freund und ein Mann nicht dasselbe waren, jeder sein Leben zu leben hätte. Nicht lange danach sagte er, es hätte sich eine Beziehung mit einer Frau ergeben; und ich war erleichtert, war glücklich darüber, wenngleich die Kombination bizarr erschien. Doch konnte man nie wissen, wie sie sich gerade darum lebensformend arrangieren könnte.
Sehr bald überschlugen sich die Ereignisse, das Unvorstellbare wurde Realität, deutsche Marschkolonnen über die Karlsbrücke, Flucht über die Grenze, die abenteuerliche Reise via Polen nach England, die Sirene zum Beginn des Zweiten Weltkrieges weithin über die nackten Dünen am Ärmelkanal heulend, schließlich London. Dort traf ich, überglücklich, Jakob zufällig auf der Straße.
Allein wäre es ihm nie gelungen, das schwierige Entkommen nach England; die äußerst praktische Frau, die immer alle Wege und Möglichkeiten wußte, hatte es arrangiert; und damit auch die Chance aus ihrem vorigen Leben heraus. Sie lebten nun zusammen in einem gemieteten Haus. Kaum ein anderer war so tüchtig.
Unsere Kreise hatten sich getrennt. Ich lebte in einem großen Block, erbaut für Studenten aus den Dominions, die nun im Krieg nicht kamen, und der als Hostel für Flüchtlinge aus der Tschechoslowakei diente. Paris war gefallen, die Luftangriffe – der BLITZ – auf London

hatten begonnen; und an den Abenden der Verdunkelung entstand – Bomben und Kreation in einem – die FRANZÖSISCHE SZENE* und damit die Vorstellungen und Leben in der Öffentlichkeit.
Jakob dagegen war mit der Frau in ganz andere Kreise geraten. Er malte kaum. Ich machte gelegentlich Besuche bei ihnen, doch wurde deutlich, wie die die Frau, von so anderer Art, verstimmten, was Jakob, der die Gespräche suchte, anscheinend nicht merkte; denn es war nicht, was ich tat oder nicht tat – ich widmete ihr oft absichtlich mehr Aufmerksamkeit als ihm –, sondern die Tatsache meiner Existenz, und so zog ich mich mehr und mehr zurück, um jedem sein eigenes Leben zu lassen.
Doch einmal allein in London geblieben, besuchte Jakob mich. Es war das erste Mal nach sehr langer Zeit, daß wir miteinander allein waren.
Habe ich ihn damals im Stich gelassen? Ich antwortete nichts, als er, der nie klagte, auf meine Frage ›wie gehts?‹ nur sagte ›es fließt nicht‹.
Ich wollte es nicht hören. Wir waren füreinander nahe Geisteszeugen gewesen, und darum hätte die Antwort unverbrüchlich sein müssen. Konnte ich aber sagen, daß er, der Freund, der Künstler, in einem Zug saß, der auf seinen vorgelegten Schienen rollte – nichts dagegen einzuwenden als der Fakt selber? Sollte er herausspringen zu sich – in die Ungewißheit? Konnte ich das sagen – um Gotteswillen: durfte ich das sagen? Solchen

* s. Oskar Kokoschka, Briefe, 3. Band

Entschluß kann man nur selber fassen, den ureigenen existentiellen Entschluß. Also schwieg ich – fair? feige? –, ihn der eigentlichen Verantwortlichkeit überlassend.

Als es schließlich zu der Entscheidung kam, schien sie ihn gar nicht zu betreffen. Es geschah auch so ruhig, daß er nicht gleich begriff, was vor sich ging.

Mein Abschiedsbesuch von London bei ihnen war fast formell. Vermutlich aber, da ich ging, erschien er die letzte Gelegenheit zur Zerstörung auch meines Bildes. Kaltblütig enthüllte sich das geheim gesponnene Gespinst, vergiftet und vergiftend, unwürdig selbst einer Erwiderung.

Jakob war stumm, wie unbeteiligt, dabeigesessen. Ich fragte nur ›...und du Jakob, was meinst du?‹ Da zögerte er und sagte dann verlegen ›...man weiß doch nicht...‹ Das war alles. Das war's.

Da sagte ich ›Goodbye‹ und ›wir werden uns nicht wiedersehen‹, und dabei blieb es für immer, auch als Jakob viele Jahre später in Jerusalem anrief.

Ich war nicht böse mit ihm. Er war in dem Zug geblieben, und der war eben sein Leben geworden und schließlich seine Biographie. Ich weiß nicht, wie hoch der Fahrpreis sonst noch wurde. Ich habe mich nie mehr darum gekümmert. Jetzt war die Endstation erreicht.

Der große Schmerz war damals gewesen. Jetzt weinte nicht ich. Es weinte.

Ein Briefwechsel

Drelsdorf, am 28. Dezember 1982

Sehr geehrte Frau Jokl,
vielleicht mögen Sie sich heute gar nicht mehr erinnern wollen, aber ich fasse trotzdem den Mut, Sie zu fragen. Zu fragen nach jenen Zeiten, da Sie Deutschland verlassen mußten, jener Zeit auch, da Sie jung waren. Denn ich, der ich jene Jahre nicht erlebt habe, möchte mehr begreifen, nicht zuletzt auch, damit ich für die Gegenwart daraus lerne. Meine Fragen:
Welche Hoffnungen, welche Träume haben Ihnen damals geholfen, die Schwierigkeiten und Bedrohungen der Emigration und das Einfinden in ein neues Land zu meistern? Welche Erinnerungen an das Land Ihrer Jugendjahre verliert man in dem neuen Land zuletzt oder überhaupt nicht?
Zuletzt bitte ich um eine kleine persönliche Hilfestellung: Welche Ihrer literarischen Arbeiten würden Sie mir vor allem empfehlen, um jene Zeit und den Weg, den Sie gegangen sind, besser zu verstehen? Wie und wo könnte ich mir diese Arbeiten heute noch beschaffen?
Es würde mich freuen, wenn Sie mir nachfühlen wollen, warum ich Sie das alles frage. Eben, weil ich mich nicht zufriedengeben will mit Informationen aus zweiter oder dritter Hand, mit Informationen, die zudem im Laufe der Jahrzehnte immer vager werden. Ein Satz zu

meiner Person: Ich bin 40 Jahre alt, habe bis 1978 das Feuilleton-Ressort der West-Berliner Tageszeitung *Der Abend* geleitet und betreibe seitdem mit meiner Frau ein Antiquariat in Nordfriesland, eine halbe Stunde von der dänischen Grenze entfernt.

Ich wünsche Ihnen ein gutes Jahr
in Gesundheit und Friede
Arnim Borski

Jerusalem, Ende Januar 1983

Lieber Herr Borski,
danke für Ihren erstaunlichen Brief. Was für Fragen, Sie haben mich denken gemacht, und darum setze ich mich hin, sie zu beantworten, so gut ich kann – vielleicht mehr mir selber als Ihnen.
Zuerst eine biographische Aufklärung: Ich bin in Wien geboren, in die Schule gegangen, manchmal im großelterlichen Breslau (während ich dies schreibe, wird mir bewußt, daß Sie und ich bei Breslau völlig Verschiedenes meinen: für mich war es Deutschland, für Sie ist es Polen: Unsere Fakten – alle – haben verschiedene Assoziationen); kam 1928 als 17jährige nach Berlin; ging 1933, durch ihre Einschätzung des Nationalsozialismus von kommunistischen Schriftstellerfreunden gewarnt, mit 10 Mark nach Prag in die Emigration; von dort, nach Einmarsch der Nazis, 1939, zu Fuß nach Polen, schließlich mit PEN-Klub-Visum nach England; nach dem Zweiten Weltkrieg und einigen Europa-Unterbre-

chungen (inzwischen Ausbildung als Psychotherapeutin) Ende 1950 nach Ost-Berlin, um nach meinem Kinderbuch einen Film zu schreiben, wurde von dort nach zwei Monaten ausgewiesen; lebte 14 Jahre in West-Berlin; ging, nach einigen Israel-Besuchen, in »historischer Konsequenz« 1965 nach Jerusalem und baute zum sechsten Male das Leben in immer wieder unbekannter Umgebung und in der vierten Sprache auf. Seit 1933 war es ununterbrochen auf »Inseln« vor sich gegangen: Die ČSR war durch Deutschland und (nach seiner Besetzung) Österreich abgeriegelt, wie England (ganz abgesehen von dessen geographischer Lage) vom nazibesetzten Europa, West-Berlin durch die DDR, und Israel, bis zum Friedensschluß mit Ägypten, mit nur feindlichen Grenzen, außer dem Meer.

Sie sehen also, daß es sich um vielerlei Weggehen in den Jugendjahren – und auch weiterhin – handelt. Aus Wien waren es Familienumstände; was davon blieb, waren Gedichte, Landschaften und Musik, verwoben im heimatlichen Döbling und Heiligenstadt und Grinzing, Beethoven und Schubert und Mozart und der Märzwind – Sensibilitäten, die durchs Leben blieben.

Dann kam Berlin, 1928-1933, und von dort das Weggehen, das Sie meinen. Es waren die großen Jahre Berlins, und ich, durch Piscatorschule und -bühne, durch den noch unkonventionellen Rundfunk etc., immer durch Sprache, in engem Kontakt damit. Die Sprache! Immer wieder, bis zum heutigen Tag, taucht ein Wort, eine

Zeile auf und allmählich das ganze Gedicht mit seinem ganzen Gewicht, und es wird bewußt, wie sehr (und wie fatal) – es geprägt hat. Man kommt in Samos an, und *Er stand auf seines Daches Zinnen* und belebt die fremde Insel als urbekannt. Das Berlin 1928-1933 war geladen mit Leben und Kreativität, nicht geliebt, aber konzentriert, weil die rätselhafte Ahnung von »beschränkter Zeit« von Kreation zu Kreation trieb, ohne den Erfolg zu beachten, mit dem Gefühl, daß der Verwirklichung nur eine kurze Spanne gegeben war; was sich ja als richtig erwies. Ich hatte im Studio des Senders Königswusterhausen eben eine Sendung beendet, als der Nachrichtensprecher Dr. Wagenfuehr ans Mikrophon ging und ansagte, daß – wer war es? Severing? – »der Gewalt gewichen war«, und seine Stimme zitterte. Das war im Sommer 1932. Der Film *Tratsch*, ein Experiment mit Laienschauspielern, durfte bei seiner Uraufführung in der *Kamera* Unter den Linden im Mai 1933 schon nicht mehr meinen Namen als Autor nennen. Das Libretto dazu war mit zwei meiner weiteren als Buch erschienen und in der Zeitschrift des Völkerbundes *Internationale Lehrfilmschau* von Giovanetti ausführlich analysiert und als kühne Neuerung des europäischen Films bezeichnet worden, meine Anfängerarbeiten Leontine Sagans *Mädchen in Uniform* und Leni Riefenstahls *Blauem Licht* zur Seite gestellt. Als die Zeitschrift zufällig in meine Hände gelangte, bald darauf auch die Unterlagen für eine ehrenvolle Erwähnung der Albert-Einstein-Gesellschaft meiner Ge-

schichte *Der Fremde* (sie war in der »Vossischen Zeitung« im April 1933 erschienen, vorsichtshalber schon zensuriert von Monty Jacobs), war ich 22 Jahre alt und eine unbekannte Emigrantin in Prag.
Ich erwähne dies alles nicht in Selbstbeweihräucherung, sondern um die absolute Diskontinuität mit der Vergangenheit bei solchem »Weggehen« zu illustrieren. Die neue Realität hatte keinerlei Verbindung damit; weder die Sprechexperimente noch die Filmdramaturgie wurden je wiederaufgenommen. Für das kommende Leben – mit Ausnahme von 14 Jahren West-Berlin 1951-1965 – war die Sprache, die man bis in alle Wurzeln kannte, nicht mehr Ausdrucksmittel.
Sie fragen, welche Träume etc. geholfen haben, die Emigration zu meistern. Dazu sind eine konkrete Antwort und eine Arbeit vorzuweisen. Denn, während man sich mit ungeliebtem Journalismus dürftig über Wasser hielt, spürte man die Bedrohung geistiger Demoralisierung durch ein »vorläufiges Leben«, vor der nur eine überschwere Aufgabe retten konnte. Ich nahm mir vor, einen Kinderroman über Atomphysik zu schreiben.
Das klingt heute nicht mehr so erstaunlich wie 1934, da noch nicht zu viele Leute an Atomphysik dachten. Zwar wußte ich auch wenig davon, aber das Wenige wunderte mich unendlich, und das Wundern wurde der Tenor des Buches. Nur Kinder schienen in der Atmosphäre jener Zeit genügend ernst zu nehmen.
In dem Unterfangen, in die Physik einzudringen, wurde

ich immer bescheidener, bis die Elementarphysik genügend wunderbar erschien. Eine Reihe namhafter Wissenschaftler interessierten und amüsierten die Fragestellungen, so daß sie mich belehrten. Es sollte keineswegs ein populärwissenschaftliches technisches Buch werden (wie sie späterhin so zahlreich erschienen), sondern im Gegenteil, eben den Geist der wissenschaftlichen Erkenntnis im Widerspruch zum sinnentleert benützten Technischen literarisch gestalten mit seinen beiden sozialen und menschlichen Konsequenzen; in einer Realität, fünf Zentimeter über dem Boden. Als das Buch *Die wirklichen Wunder des Basilius Knox*, ein Buch für Kinder von 10 bis 70 Jahren, Anfang 1935 erschien (in tschechischer Übersetzung im Masaryk-Benesch-Verlag ČIN und mit einem Vorwort von Oskar Kokoschka, deutsch erst verschiedentlich nach dem Kriege), erweckte es weiteres Interesse, als bei einem Kinderbuch üblich – vom kommunistischen Poeten Fučík (später hingerichtet in Plötzensee) bis zum Erzbischof von Prag Beran in Übereinstimmung, bis zur Erwähnung in Leitartikeln hin. Ein zweites Kinderbuch, *Die Perlmutterfarbe*, konnte nicht mehr erscheinen; sein Thema war der Konflikt zwischen zwei Schulklassen, als ein ehrgeiziger Außenseiter zu Selbstüberschätzung und Aggression gegenüber der Parallelklasse aufhetzt, was zu moralischer und psychischer Korrumpierung führt; es nahm übrigens die sieben Jahre spätere Lösung der schwierigen Frage der »Kollektivschuld« vorweg.

Dieses Manuskript brachte mir überraschenderweise ein tschechischer Schmuggler, der auch mich über die polnische Grenze geführt hatte, zwei Wochen später ins Massenlager nach Kattowitz, wo man auf die englischen Visen wartete. Beim kritischen stundenlangen Warten vor der Grenzüberschreitung hatte ich ihm von den Wochen in der französischen Botschaft in Prag erzählt, die 35 Flüchtlingen Asyl gewährt hatte – mit tätiger Hilfe der zwei kleinen tschechischen Dienstmädchen dort; er hatte riskiert, das Manuskript von dort zu holen und herüberzubringen, obwohl er wußte, daß ich nichts mehr besaß als die Kleider am Leibe. Aber ich hätte damals nicht geklagt, wie andere, daß ich in Prag alles verloren hätte – nur über das Manuskript; und »das hat mir gefallen«, sagte der edle Schmuggler. (Die Tschechen! Aber das ist ein Kapitel für sich.) *Die Perlmutterfarbe* erschien ab 1947, wie auch *Basilius Knox*, neben anderen Ländern auch in Ost-Berlin und erreichte Auflagen um 90000; weitere, wie auch der Film, wurden mit meiner Ausweisung gestoppt. Ehe ich mich von dieser Erschütterung so weit erholt hatte, um eine eventuelle Rückkehr nach London zu erwägen, war in West-Berlin, wo ich nach der Ausweisung gelandet war, meine Arbeit als Psychotherapeutin so angefordert, daß sich dort unerwartet mein fünftes Leben konstituierte, unter Verlust vieler Schriftsteller- und Künstlerfreunde aus der Prager, der Londoner Emigration, nun in Ost-Berlin; – ein Mini-Holocaust.

In West-Berlin war ich fast unbekannt, geschichtslos.

Das Wohnhaus am Tiergarten, von wo meine Mutter und mein Stiefvater abgeholt worden waren, in Trümmern, der Fakt, daß meine Bücher auch in Ost-Berlin erschienen waren, dazu bereiten Kreisen verdächtig. Aber ich machte keine Statements, weder hier noch dort. Es gibt keine Adresse, wo sich das eigenverantwortliche Individuum beklagen kann über unsere Zeit.

In West-Berlin lebte und arbeitete ich offen deklariert als Jüdin, was eine klare Basis ermöglichte, konnte in meinem Beruf manche Wunder erleben und durch die Seelen meiner Patienten tief in das vergangene Geschehen hineinsehen, machte eine Reihe naher Freunde und begriff die Tragödie der deutschen verlorenen Generation nach der Stunde Null in vielen Kreisen und auf den verschiedensten Seiten; als ihre Bewirkung vereitelt wurde durch die beiden Blöcke, die je ihren Teil Deutschlands zu ihren Machtbasen machten und dazu die Traditionen und Apparate der Vergangenheit brauchten, sowie die neuen Zuträger mit den erstaunlichsten Vergangenheiten. Der Tod mancher dieser deutschen Freunde hat ebenso tiefe Lücken gerissen wie Tode aus anderen Lebensepochen.

Wie Sie sehen, habe ich den Holocaust nicht am eigenen Leibe erfahren, er ist aber als ständige Situation nie mehr aus dem Bewußtsein geschwunden, als Zeitenwende, die die Welt irreversibel veränderte, nicht nur die jüdische. Sie machte die unausdenkbare Möglichkeit im Zentrum des Bewußtseins zur Realität, die seither wiederholbar ist, schwellenlos.

Die nackten farblosen judäischen Berge Jerusalems ergriffen beim ersten spontanen Besuch. Almen, Linden, Wälder und Lämmerwölkchen waren nicht mehr meine gewesen, nach so vielem Weggehen. Hier hatte ich das Recht des Zu-Hause-Seins, – for better or worse, wenn auch unter schweren Einbußen. Ich spreche recht gut Hebräisch. Aber man vergißt nichts, nichts. Man ist alles Gewesene; die Verschmelzung aller Abläufe in Gleichzeitigkeit, ein neues chemisches Element.
Vor einigen Jahren flog ich von Israel nach London, wo ich, abgesehen von Stippvisiten bei Verwandten noch von Berlin aus oder auf der Durchreise, seit 27 Jahren nicht mehr gewesen war. Und stellte auch dort, wie an anderen Plätzen der Welt, mit erschütterter Verwunderung fest, daß mit Freunden keine trennende Zeitspanne dazwischenzuliegen schien; daß einmal Erwecktes bestehenbleibt. Bei solch einem Wiedersehen mit einer Freundin, die auch aus Wien stammt – authentisch in jeder Note, die sie spielt und lehrt –, hatten wir nur einen Augenblick allein, als sie die Tür öffnete (ihr englischer Mann mixte nebenan schon die Cocktails) und wir beide so unverändert waren, daß wir uns sofort auf der Straße erkannt hätten. Ich sagte, Edith, wie lange dauert eigentlich so ein Leben? Und sie verstand sofort und sagte, tausend Jahre, und ich, wir sind ja eigentlich Urblöcke, die in diese Zeit hineinragen, ahnen die Jungen das? Man muß es verstecken, sagte sie, wie könnten sie unsere Quellen begreifen?

Die Welten, die uns formten und die wir belebten, sind verschwunden, ihre Völker, Menschen, Länder sind kaum noch Geschichte für die Spätergeborenen, unsere Kämpfe und Tode, selbst unsere Antennen schon unbekannt, aber wir sehen noch ungefähr so aus wie früher und leben in der völlig veränderten Welt und Zeit, anscheinend angepaßt, aber anders lebendig, aus verborgenen geologischen Schichten.
Ich weiß nicht, Herr Borski, ob all das etwas von Ihren Fragen beantwortet. Ich weiß nicht einmal, wie Sie auf mich kamen, denn, wie gesagt, habe ich schon lange nur verstreut und wenig publiziert, tue nichts dazu, Verbindungen aufzunehmen in die Inflation von Reden und Schreiben.
Wie kommt man aus Berlin nach Friesland und macht dort, of all things, ein Antiquariat auf? Dies und Ihre Fragen haben mich zur Antwort bewegt.

Ich grüße Sie und Ihre Frau
Anna Maria Jokl

Kurze Biographie

Es lag hoher Schnee, als ich Ende Januar, drei Jahre vor dem Ersten Weltkrieg, in der Döblinger Hauptstraße zur Welt kam. Vermutlich inspiriert vom nachbarlichen Italien, gab man mir den Namen Anna Maria, was den Matrikelbeamten an der Jüdischen Gemeinde zu Wien nicht beirrte, aber 40 Jahre später in Israel Verwunderung hervorrief: Maria hätte ja ursprünglich Mirjam geheißen und Anna sei Chana. Aber aktualisierte Korrektur nach einem bereits längeren Lebenslauf erschien als Verfälschung.

Dabei war ANNA MARIA eigentlich erst 1936 aus dem Geburtsschein auferstanden, als mein erster Verleger den gewohnten Rufnamen MOIDI als unpassend auf dem Buch seiner Autorin fand. ›Moiderl‹ hatte das Kindermädchen in ihrer tirolerischen Version von ›Mäderl‹ die Kleinste der drei Schwestern gerufen, und dabei blieb es. Erst als nach dem Zweiten Weltkrieg die Welt sich verfremdete und Vergangenheiten sich ausgelöscht hatten, wurde es – außer für den archaischen Rest – das distanzierende Anna Maria. Man stand nicht mehr auf Du und Du mit der Welt, obgleich unter dem Zeichen des Aquarius geboren, der angeblich für die brüderliche Menschengemeinschaft steht.

Zu einem Horoskop kam es übrigens nie, da meine Mutter sich nicht an die genaue Geburtsstunde erinnerte, die angeblich die ›Grundkonstellation‹ bestimmt; die wäre nur durch rückläufige Verfolgung einschneidender Lebensereignisse – mühevoll, sagten die entsprechenden Fachleute – zu errechnen. Allerdings hatte es durch das ganze Leben eine ungewöhnliche Anhäufung krasser Veränderungen gegeben – kometenhafte Verwirklichungen wie blitzartige Vereitelungen, unterbrochen von unbeweglichen Einöden. Darüber sprachen wir, als ich mit einem alten Freund, weltberühmt auf diesem Gebiet, in den fünfziger Jahren in einer Berliner Klavierbar saß und er auf einer Papierserviette diese Umkehrung bis zur relevanten Nachtstunde skizzierte und kopfschüttelnd etwas von einer dreizehnten Fee murmelte. Er meinte das Märchen, in dem zwölf Feen dem Neugeborenen glanzreiche Gaben verliehen, die die beleidigte Dreizehnte, dunkelmächtig und rachsüchtig, zwar nicht mehr aufheben, aber immer wieder durchkreuzen konnte.

Wie auch immer.

Gut, wenn man solchen Verlauf nicht von Anbeginn weiß, wie hätte man sonst den Mut zum Immer-von-Neuem. Was bestimmt solchen Verlauf? Die ›Konstellation‹? Europa des Zwanzigsten Jahrhunderts? Gene Zufall Kindheitsprägungen Verflechtungen mit anderen Kraftlinien Unbeugsamkeit Kleinmut Maß Pech-Glück? Was führte zu Verwirklichungen, die dann wie hinter den Fersen abgeschnitten verschwanden? Sechs Inkarnationen im Presser-Cooker-Tempo zu einer komprimiert – ein flüchtiger Gedanke Gottes über den Wechsel als das Beständige?

Geographisch registriert waren es sechs Leben, immer an jeweiligen Brennpunkten unsrer Epoche; im chronologischen Ablauf Wien Berlin Prag London Berlin-Berlin Jerusalem – irgendwann kurz dazwischen – beispielhaft doppeldeutig – Zürich. Aber ist die Chronologie die Wirklichkeit?

Wäre jede Phase eine Glasplatte, mit ihrem besonderen Zeichen eingeätzt, alle übereinandergelegt und von oben mit *einem* Blick durchschaut – somit der Zeitablauf aufgehoben –, mag eine Hieroglyphe der Epoche sichtbar werden.

Nachweise

Stein auf ein unbekanntes Grab, *Frankfurter Allgemeine Zeitung*, 27. Juli 1969
Tod aus heiterem Himmel, *Frankfurter Allgemeine Zeitung*, 8. Juni 1973
Lauf, Anthologie *Auf dem Weg*, 1989
Briefwechsel, *Mnemosyne*, Mai 1991
Totentanz, Der alte Jan, Eidon, Begegnung am Toten Meer, *Merkur* 515, Januar 1992
Die Trommel; Tode I. Inkubus; Tode II. Es ist mir leid um dich, mein Bruder Jonathan; Kurze Biographie: unveröffentlicht

Inhalt

Bibliothek Suhrkamp

Alphabetisches Verzeichnis